천재열전

천재열전_조선을 넘어 세계로

Silent Sparks_The Secret Histories of Remarkable Minds

펴 낸 곳 투나미스

발 행 인 유지훈

지 은 이 허도산©

프로듀서 류효재 변지원

기　　획 이연승 최지은

마 케 팅 전희정 배윤주 고은경

초판발행 2024년 04월 30일

초판인쇄 2024년 04월 15일

주　　소 수원시 권선구 서호동로14번길 17-11

대표전화 031-244-8480 | 팩스 031-244-8480

이 메 일 ouilove2@hanmail.net

홈페이지 www.tunamis.co.kr

I S B N 979-11-94005-00-1 (03910) 종이책

I S B N 979-11-94005-01-8 (05910) 전자책

천재열전

조선을 넘어 세계로

Silent Sparks_The Secret Histories of Remarkable Minds

서문

천재는 보통 사람보다 더 특출하고 탁월한 재능을 가진 사람을 말한다. 토머스 에디슨은 천재란 99퍼센트의 노력과 1퍼센트의 영감으로 이루어진다고 했다. 삼성 그룹의 창설자 이병철 씨는 **회사에서 반복되는 일을** 수재와 보통 사람에게 맡기면 **격차가 거의 없다고** 했다. 수재는 10만 명 중에 한 명 나오고 신동과 천재는 50만 명 또는 100만 명 중에 한 명 배출된다고도 했다.

천재는 세인들이 보는 기준과 관점 및 유형에 따라 다르게 평가할 수도 있다. 필자는 50여 명의 대수재들을 작성하고 그중 20명을 정선하여 우선 책으로 내기로 했다. 20명은 거의 다 필자가 집중적으로 연구하고, 나와 관련이 있고, 내가 직접 지켜보고, 잘 아는 분들이고 함께 일을 하기도 했다.

앞으로 기회가 오면 조심스럽게 미진한 것은 더 보강하고 많이 수록했으면 한다.

철학자 조지 산타야나는 "과거를 기억하지 못하는 사람은 과거의 실책을 반복하게 될 것"이라고 했다. 또한 동양에서도 온고이지신(溫故而知新)이라 하여 "옛 것을 앎으로써 새로운 것을 알게 된다"고 했다. 역사는 새로 창조되기도 하지만 반복되는 일이 많고, 인간의 살아가는 기본 원리는 예나 지금이나 같다. 이 책, 『천재열전_조선을 넘어 세계로』를 통해 후세 사람들이 정독하고 더 좋은 작품을 만들어 주기를 희망한다.

서기 2023년 12월 10일 개화산 우거(寓居)에서

혜당(慧堂) 허도산(許道山)

차례

박영효

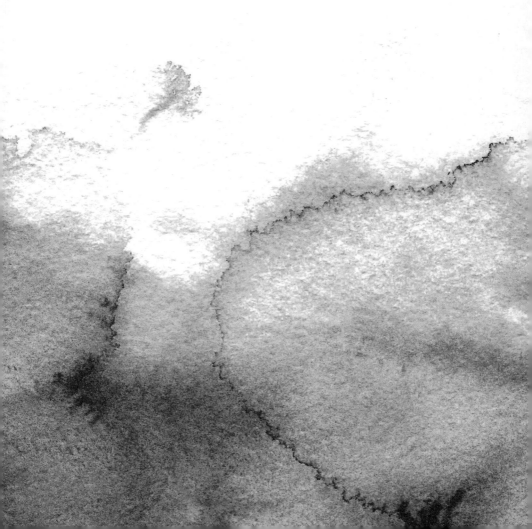

개화 선각자이고, 갑신정변의 주역이고 경성방직회사 사장
과 초대 동아일보 사장을 지낸 박영효(朴泳孝) 선생은 1857년
당시 박원양(朴元陽) 선생의 3남으로 경기도 수원에서 출생했다.

박원양(朴元陽) 선생과 주미공사, 총리대신을 지낸 박정양(朴
定陽)과는 한 집안이다. 박영효 선생의 본관은 반남이다. 전라
남도 나주군 반남면이 발생지다. 박영효는 국왕 철종의 사위
이고, 태극기를 처음 만들어 사용했던 개화당의 지도자이다.

박영효 선생은 12세 때 국왕 철종의 외동녀 영혜 옹주와 결
혼해 부마(국왕의 사위)로 결정되었으며, 이듬해 4월 금릉위로 봉

해져 종2품으로 승진했다.

이와 같이 가문과 문벌을 갖춘 양반 귀족 신분에도 박영효 선생이 일찍 개화사상에 지대한 관심을 갖게 된 것은 서울 종로구 재동에 사는 친척이고 우의정을 지낸 선각자 박규수 선생의 집을 드나들면서 오경석, 유대치, 이동인, 김옥균, 서광범, 홍영식, 서재필 등을 자주 만나게 되었기 때문이다. 통역을 하는 역관 오경석(오세창의 부친)은 천진, 북경 등을 내왕하면서 수입한 새로운 서적과 물건을 가지고 들어왔다.

박영효는 금테 안경을 쓴 단정한 신사지만 지략과 용기가 뛰어나고, 성품이 소탈하고 활달해 개화운동에 관여한다.

박영효는 김옥균보다 연령은 연하지만 국왕의 사위인지라 지위가 높아 개화당의 대표격으로 추대되어 외국에 갈 때는 수신사 대표단장이 되어 앞장을 서곤했다.

박영효가 국제무대에 처음 진출하여 개화사상을 직접 실현하게 된 것은 1881년 강화도 조약의 사후처리를 위한 수신사로 김옥균 일행을 대동하고 일본에 갔을 때다. 박영효는 일본에 있는 동안 경응대학 설립자 후쿠자와(복택유길) 등 일본의 선각자들과 접촉하고, 미국, 영국, 독일, 프랑스 등 외교관들과도 만나면서 국제 정세에 관한 새로운 지식도 얻고, 개화 자주독립을 하려는 영향도 받았다. 이때 수신사 단장 박영효는 일본 기선 메이지환에서 영국 총영사 아스톤과 영국인 선장 제임스와 상의해 태극 8개 도안을 국기로 결정하고, 도포 자락을 잘라 배안에서 태극기를 만들었다.

박영효는 일본 고베에 상륙한 이후부터 계양하고 본국 정부에 보고를 했던 것이다. 박영효는 국기를 보내면서 우방국가에도 알리는 동시에 일본 고베(신호)의 숙소에 계양하고, 동경(도쿄)에 도착해서는 1883년 10월 3일, 왕비 탄생 축하 연장에도 계양해 자주독립국가의 애국심을 발휘했다.

처음 사용했다는 태극기는 현재와는 모양이 조금 달랐다. 붉고 푸른 음양의 무늬가 위 아래로가 아니고, 좌우로 나뉘어 있었고, 네 귀퉁이 8괘의 도안도 현재와는 달리 건(乾)이 둘이고, 곤(坤)은 없었다.

1883년 1월 27일 조선 본국 정부에서는 박영효가 만든 태극기를 정식으로 국기로 채택·반포했다.

1882년 11월 하순 박영효는 일본에서 귀국하여 한성 판윤(서울시장)에 임명되어 동대문에서 종로1가 사이의 도로 정비를 하고, 파고다 공원 정비를 조성했으나 외척과 수구세력이 반대를 했다. 복제 개량과 색의(色衣) 장려와 공원 주위 정비 등 개화 작업도 외척과 수구세력의 반대로 모두 무산되어 버렸다.

이듬해 1883년 3월, 어이없게도 박영효는 한성 판윤에서 경기도 광주 유수로 좌천되었다. 그 무렵 일본 도야마 육군사관학교를 나온 서재필과 광주 유수 박영효는 국왕 고종에게 우리 조선도 일본, 독일, 영국처럼 현대식 사관학교를 창설하도록 건의했는데 새로운 것에 관심이 많은 고종은 흔쾌히 동의했다. 그리하여 육군사관학교는 영국, 독일, 일본, 해군사관학교는 영국처럼 세우기로 했다.

종로에 육군사관학교를 설립하고, 서재필이 육군 사관장(육사 교장)이 되고, 광주에서 훈련을 받기로 했다. 그러나 민비와 외척, 청국과 수구세력의 반대로 현대식 사관학교의 설립은 수포로 돌아갔다. 따라서 박영효, 서재필 등이 조국을 위기에서 구출할 수 있는 제1차 기회는 사라지고 만 것이다.

박영효는 청년 12명을 대동하고 일본에 가서 일본 육군사관학교제 11기에서 제15기에 진학했다.

그 무렵 신식 군인과 차별한다고 하여 구식 군인들이 반란을 일으켜 선혜청 당상 민겸호의 집을 부수고, 민비는 충주로 도주하고 재차 대원군이 집권하게 되는 임오군란이 발생했다.

그후 민비는 다시 대궐로 돌아오고 민비의 사주로 대원군은 청국에 수년간 납치되었다 돌아오기도 했다. (임오군란을 전후하여 청나라에 의지하려는 수구파(사대당)와 일본 세력을 활용하려는 개화파(개화당)는 첨예하게 대결을 벌여왔다)

1884년 10월 일본의 다케조에 공사가 조선에 들어오고, 11월 4일에는 박영효 집에 모여 개화당 요인과 일본인 시마무라도 참여하여 김옥균의 제안으로 정변을 모의한다.

1884년 12월 4일 우정국 개국 축하 연회가 열리는 것을 계기로 개화당 세력은 갑신정변을 주도해 수구세력을 몰아냈다. 갑신정변을 일으킨 총 주동자는 고균 김옥균이었다. 갑신정변은 초기에는 성공해 박영효는 신내각의 진후 양영사 겸 좌포장이라는 중책을 맡고 그의 형 박영교는 도승지가 되었다.

개화파에서는 창덕궁에 들어오는 수구세력의 조영하, 이조연 등을 처치했다. 그때 경기 감사 심상훈이 대궐에 나타났다. 박영효, 서재필은 심상훈이 대궐에 들어오지 못하게 했다. 그러나 김옥균이 "경기감사 심상훈은 나의 친구니 들여보내라"고 했다. 첩자가 된 심상훈은 민비와 내통하여 청나라 군대를 끌어들여 개화세력을 축출하면 된다고 진언했다. 총지휘자 김옥균이 큰 실책을 한 것이다.

성품이 무난한 박영교, 홍영식은 수구세력과 타협하려고 고종을 따라 갔다가 수구파에게 참살되고 말았다. 김옥균, 박영효, 서광범, 서재필 등은 창덕궁 후원에서 국왕 고종께 작별 인사를 하고 다케조에 일본 공사와 함께 인천에서 배를 타고 일본으로 망명했다.

갑신정변 당시 청나라 무관 원세개는 5천여 명의 병력을 갖고 있었으며, 창덕궁에 1천 5백여 명을 지휘했다. 개화당은 물론 다케조에 공사가 일본군, 조선 청년 모두 합해 250여 명을 지휘했다. 만약 그때 일본군 장군이 4,000여 명 또는 5,000여 명을 지휘했더라면 상황이 다르게 전개 되었을 것이다. 그 후 일본은 주한 일본 공사에 장군 출신, 미우라, 이노우에, 통감, 조선총독에도 장군들을 보냈다.

이리하여 박영효, 서재필, 서광범 등이 조선을 위기에서 구출할 수 있는 2차의 기회도 사라지고 만 것이다.

박영효, 서재필, 서광범은 미국을 거쳐 일본으로 건너갔다. 국왕 철종의 사위인 박영효는 미국에서는 양반, 귀족, 왕족에 관해 잘 모른다면서 미국 생활에 적응이 잘 안 되어 다시 일본으로 되돌아갔다.

일본에서 김옥균, 박영효, 서재필 등 30여 명의 개화당 인사들은 일본 경응대학 설립자인 후쿠자와(복택유길)의 경제적 지원을 받았다.

김옥균은 북양대신 이홍장과 담판하겠다고 중국 상해로 갔다. 김옥균은 상해에서 자객 홍종우의 피습을 받아 생애를 마쳤다.

박영효는 일본에서 학교, 학원에 다니면서 열심히 영어, 일본어를 공부했다. 박영효는 국내에서 법관 양성소를 창립했다. 법관 양성소 학교 출신으로는 이준 열사와 함태영 제3대 부통령이 있다. 법관 양성소 학교는 경성법률 전수학교, 경성법학 전문학교, 그후 경성법학 전문학교와 경성제국대학 법학부가 통합하여 해방 후 서울대학교 법과대학이 되었다.

박영효가 일본에 망명을 한 후 10년이 되어 1894년 조선에서는 동학난으로 청일전쟁이 일어났다. 아산만과 성환 등에서 일본군이 승리했다. 그 당시 국제 정세는 대원군과 민비 간의 극심한 알력이 있었으며, 이듬해 1895년에 귀국한 박영효는 내무대신이 되었다.

1896년 박영효는 미국에 가서 서광범, 서재필에게 역적 혐의에서 사면되었으므로 국내로 돌아오도록 했다. 그래서 서광범은 주미공사, 외무대신이 되고, 서재필은 독립협회, 독립신문, 독립문을 만들었다. 서재필은 배재학당에서 신긍우, 신흥우, 이승만, 주시경에게 신학문을 지도했다.

제2차 김홍집 총리대신의 내각에서는 김홍집, 박영효 연립 내각을 조직하여 박영효가 주도하는 개화당은 한때 영향력 있는 정치세력권을 구축한다.

당시 대원군이 그의 장손자 이준용을 국왕으로 옹립하려는 사건에서 박영효는 대원군을 비판하고 난 후, 그 반대 위치에 있던 김홍집 총리대신이 사퇴하자 박영효는 총리대신 서리가 되었다.

그러다가 박영효는 중전시해 음모죄로 다시 일본에 망명하게 되었다.

그때에도 박영효와 서재필은 서양의 현대식 사관학교를 만들고자 했으나 외척, 친청파, 친러파(이범진) 수구세력 등의 방해로 무산되었다. 이리하여 박영효, 서재필의 사관학교를 만들려는 계획이 무산되어 조선을 위기에서 구출할 수 있는 3차의 기회도 사라지고 말았다.

그후 박영효는 궁내부 대신이 되었으나 대신 암살 음모사건에 연루되어 1년간 제주도에서 유배생활을 했다. (박영효는

고종을 몰아내고, 의친왕을 추대하려다 잘 안 되어 일본으로 도주했다)

일본에 있을 때도 수차 자객들의 피습을 받게 되었으나 재치 있게 경찰에 연락하여 위기를 모면했다.

박영효는 총리대신 이완용을 없애려다 미수에 그쳤으며, 이완용을 정계에서 몰아내려 했으나 의도대로 안 되었다.

혁명가 박영효는 일을 저질러 놓고 수십차 일본에 망명을 하여, '망명의 명수'라는 별명을 얻은 협객이었다.

1895년 일본 유학을 하려고 동경에 들어가서 일본 육군사관학교 제11기생이 된 조선인 21명은 갑오경장 당시 선각자 박영효가 선발한 국비 유학생이었다. 1896년 국왕 고종이 러시아 영사관으로 들어가는 아관파천이 일어나자 관비 지급이 중단되고, 친일파로 몰리게 되었다.

1899년 11월에 졸업한 이들은 동경 제1사단에서 견습사관을 마치고, 1900년 7월 대한제국 참위(소위)로 임관할 예정이었다. (귀국 지시도 없고, 봉급도 주지 않았다) 사관후보생 중에는 비밀 결사인 혁명일심회를 결성하고, 일본에 있는 유길준과 혁명을 모의했다. 귀국한 사관생도 8명은 체포되었다.

1904년 3월 러일 전쟁이 일어난 후 장호익 등 3명은 처단되었다. 독립협회 사건으로 투옥 중이던 청년 이승만은 감옥 창문으로 이 사건을 직접 보았다. 이승만은 처형 직전 만세를 외친 군인 장호익의 당당한 태도에 깊은 감동을 받았다.

1910년 한일합방 후 그해 10월 7일 박영효는 후작을 받고, 중추원 고문이 되었다. 이우공 전하는 국왕 고종의 직계 친손자이므로 공작이고 박영효 선생은 국왕 철종의 사위이므로 후작 칭호로 자동적으로 받게 되어 있었다.

이완용처럼 나라를 팔아 작위를 받은 것과는 다르다. 중추원 고문은 명예직이고 실권도 없다. 월급을 받는 것도 아니다. 회의에 가도 그만, 안 가도 그만이다.

1918년 박영효는 조선식산은행 이사가 되었다. 박영효는 건강이 좋지 않아서 중추원 고문은 사양하겠다고 총독부 관계자와 일주일간 논쟁을 하기도 했다. 하여튼 박영효는 박정양, 한규설처럼 작위와 고문 등은 끝까지 받아들이지 않았어야 했다.

박영효와 1919년 3·1 만세운동 당시 조선의 귀족, 양반, 유학자들 중에는 이른바 민족대표 33인에 관해 다음과 같은 생각을 갖고 있었다.

*"이 사람들이 어떻게 해서 어떤 기준으로 민족 대표라고 하는
지 선뜻 동의할 수 없다는 것이었다. 양반, 귀족, 유학자들이 주로
중인, 상사람 출신인 사람들과 동격으로 함께 일을 할 수는 없다
는 것이었다."*

　　박영효, 한규설, 김윤식, 윤치호, 윤용구, 남궁억, 이상재 등
은 민족 대표 33인에 참여하지 않았다. 이상재는 70세의 고령
이고, 부인, 장남, 삼남 3명이 타계하여 경황이 없어 만세시위
에 참여할 형편이 아니었다.

　　그 당시 청년 최남선, 신익희 등이 박영효 선생을 찾아가서
3·1 만세운동에 참여해 달라고 요청하자 박영효는 "일제가
총칼로 무자비하게 진압을 하면 조선인 희생자가 많이 발생하
게 된다. 그래서 우선 만주, 중국에 가서 시위를 하고 그 다
음에 상황을 봐 국내에서 시위를 했으면 한다"라고 말했다.

　　박영효는 최남선, 신익희 등에게 이승훈의 기독교 세력, 최
린의 천도교 세력, 송진우의 일본 유학생 세력, 김창숙의 유교
세력 한용운의 불교 세력을 끌어 들여야 한다고, 3·1 만세운
동 시위의 전반적 동원 요령을 코치해 주었다. 그러나 3·1 만
세운동 민족대표에 서명하지는 않았다.

박영효는 투옥 생활을 하는 항일투사들을 은밀하게 도와주면서도, 서명을 안 해서 그랬는지 일체 말이 없었다.

일제시대 어느 날 소설가 춘원 이광수는 박영효 선생을 찾아와서 김옥균 선생에 관해 질문을 했다.

그러자 박영효 선생은 김옥균 선생에 대해 말하기를 "나는 국왕 철종의 사위여서 일생을 편안하게 잘 살 수도 있었다. 그런데 정치 사기꾼 김옥균을 멋모르고 따라다니다가 고생만 했다. 김옥균은 알성시문과에 장원급제를 하고, 거침이 없고, 추진력이 있고, 성품이 활달하고, 호방했다. 김옥균은 순식간에 사람을 잘 사귀는 사교가이고, 말도 잘하고, 글씨도 잘하고, 명필이다. 부채에 그림을 잘 그렸고 글씨도 잘 썼다. 그런데 성격이 성급하고, 어딘가 빈 데가 있지만 어느 한 단면을 보면 서재필이 더 치밀하고 더 빼어난 데가 있다"고 말했다.

일제시대 무명 청년이고, 위관급 장교이던 김석원이 동대문 밖 숭인동으로 박영효 선생을 찾아오곤 했다. 그럴 때면 박영효는 김석원을 반갑게 맞이하여 김석원이 갖고 있던 권총, 군도(칼), 군복, 군대생활 등에 관심을 갖고 질문을 하기도 했다. 그러고는 일본군에서의 경험을 훗날 국권 회복하여 나라를 세웠을 때 십분 활용하도록 잘 배워두라고 독려했다.

박영효는 일본 육사 11기에서 제15기의 유동렬(상해 임시정부 군무총장), 노백린(상해 임시정부 국무총리), 이갑(독립운동가) 등을 일본에 유학을 보냈다고 했다.

김석원(金錫源)은 일본 육군사관학교 제27기생이었다. 김석원은 일본군 대좌(대령)로 중국 전선에서 널리 알려지고, 6·25 남침전쟁 당시 제3사단장으로 포항, 안강 전투에서 대공을 세웠다. 김석원이 가장 존경하는 분이 박영효 선생이다.

이우공 전하와 박찬주 여사가 결혼하려는 것을 이왕직 장관 한창수가 방해한 적이 있었다. 그때 노련한 박영효 선생은 일본 정계의 양심적인 지도자들을 설득하여 한창수의 수작을 일축하고 종전대로 성혼이 되도록 했다.

박영효 선생의 자손으로는 첫째 손녀 박찬주(朴贊珠) 여사가 대원군의 직계 증손 이우공 전하와 결혼하여 운현궁의 여주인이 되었다. 손자 박찬범 씨는 일본 학술원 학교를 졸업하고 귀국하여 사업을 했다. 손자 박찬익 씨는 경기고등보통학교, 일본입교대학 정경학부를 졸업하고, 해방 후에는 외무부 서기관으로 오사카에서 일하기도 했다. 손자 박찬웅 씨는 6·25 전쟁 당시 육군사관학교 재학중 문산 전투에서 전사했다.

운현궁의 이우공 전하와 박찬주 여사 사이에는 장남 이청과 차남 이장이 있었다. 건국대통령 이승만 박사는 영특하고 예의바른 이장을 양자로 삼기를 원했으나 박찬주 여사가 반대했다. 이장은 미국 유학을 가서 교통사고로 일찍 생애를 마쳤다. 그때 박찬주 여사가 그의 차남 이장을 이승만 대통령의 양자로 주었더라면 경무대의 인의장막도 없었을 것이다.

"출신 성분이며, 정원을 가꾸곤 하시던 습성 등 그분(박영효)에게서 풍기는 체취가 어딘가 귀족풍이었던 것은 사실이지만, 조부님의 사생활은 아주 근검절약하고 검소했지요. 무명옷이나 베옷을 즐겨 입었지 비단옷은 멀리 하셨습니다. 약봉지 하나 하나를 버리지 않고 모아 두었다가 그것을 뒤집어 메모지로 사용하기도 하고, 전등불이 나가면 손수 촛대를 찾아 내시는 그런 정리하는 습성이 늘 몸에 배어 있으리만큼 깔끔하셨지요. 식사 시간도 늘 일정하게 조그만 밥상에 늦게 와 앉아도 질책이 심하시니까 아예 미리 와서 대기하곤 했지요. 화투, 장기 등은 어려서부터 일체 손도 대지 못하게 하여 지금도 잡기는 아예 알지도 못합니다." 손자 박찬범의 증언이다.

"젊어서는 팔팔하던 기개가 일찍이 세상의 풍파를 겪은 탓인지 만년에 들어서는 좀 마음이 약해가는 듯 하셨습니다. 조부님의 일제에 대한 감정은 좋지 않으셨습니다. 3·1 만세운동에 서명 안 한 것이 늘 마음에 남아 있다고 하셨어요. 조선의 영토는 고구려의 땅이 모두 우리 영토라면서 독립되면 찾아야 한다고 하시는 거예요. 그분은 만리장성과 요하가 담긴 만주 지도를 따로 가지고 계셨어요. 조부님은 고래의 생활 풍습대로 살아서는 안 된다고 하시곤 했지요. 간장, 고추장, 김치 등 음식물도 일일이 집에서 번거롭게 담글 게 아니라 기업화해서 공장에서 만들어야 한다고 하셨지요. 그때에는 말 같지도 않게 들었는데 지금은 벌써 그렇게 되어가고 있지요." 손자 박찬익의 증언이다.

안국동 박영효의 집은 이재(理財)에 밝은 윤치소가 샀다. 그 집은 윤치소의 장남 윤보선(尹潽善)이 살아왔다. 지금은 윤치소의 손자 윤상구가 살고 있다. 만년에 오산의 과수원을 경영하던 박영효는 1939년 9월, 서울 동대문 밖 숭인동 자택에서 생애를 마쳤다.

이 저택은 해방 이전에 조선 귀족회에서 사들였다. 8·15 해방 이후 월남 피난민들이 강제로 차지하여 살고 있었다.

박영효의 묘소는 부산 다대포에 있었다. 현재는 경기도 양주군 화도면 마석리 가족묘지로 이장되었다.

김옥균

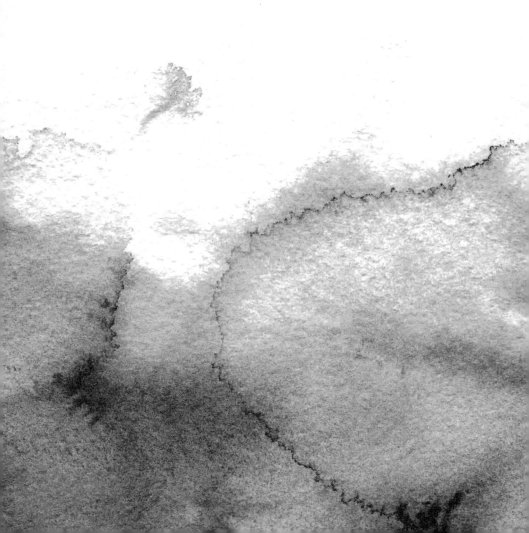

개화 선각자이고, 갑신정변의 총지휘자인 고균(古筠) 김옥균 (金玉均) 선생은 1851년, 충청남도 공주군 정안면 광정에서 부친 김병태(金炳台)와 모친 송씨(宋氏) 부인 사이에서 출생했다.

김옥균은 6세 때에 김병기의 양자가 되었다.

김옥균은 충남 공주에서 서울로 올라와서 이른바 서울 북촌 양반 동네인 종로구 화동 1번지(옛날 경기고등학교 위치)로 이사하여 살게 되었다. 그후 서재필 박사도 종로구 화동 1번지로 이사하여 살았다.

김옥균의 양부 김병기는 60년 세도가문 안동 김씨 집안이고, 강릉부사, 형조참의 등을 지냈다. 또한 평양감사와 이조판서 등의 요직을 맡고 있던 조성하(조대비의 조카)의 모친이 바로 김옥균의 아주머니였다. 이러한 명가의 배경은 훗날 김옥균의 정치적 처세에 크나큰 뒷받침이 되어 주었다.

김옥균은 10세 때 강릉부사가 된 양부 김병기를 따라 강릉으로 내려가서 소년 시절을 보냈다. 강릉에서는 동인의 지도자이고 성리학자인 초당(草堂) 허엽(許曄) 선생 집안과 배다리(선교장)의 효녕대군 후손 이근우 선생 집안이 명문대가로 양대 산맥을 이루고 있었다.

소년 김옥균은 강릉에 있는 송담서원에서 한학을 공부하고, 초당 허엽 선생, 이율곡 선생의 학문을 배웠다.

김옥균은 1866년, 양부 김병기의 한성(서울)에서의 벼슬 발령에 따라 한성으로 올라왔다.

대수재 김옥균은 21세 때인 1872년 알성시(謁聖試) 문과에 장원급제를 했다.

김옥균은 성균관 전적에서 시작하여 홍문관 교리, 사간원 정원 등 10여 년간 출세가도를 달린다. 한편 김옥균은 이러한 관리 생활을 하면서도 당대의 선각자이던 박규수, 유대치, 오경석, 이동인, 등과 교제하면서 새로운 지식을 받아 들이게 되었다.

박규수는 판충추부사, 우의정(우상)을 지낸 고관이고, 실학사상가 연암 박지원의 손자였다. 오경석은 중인 계급 출신의 중국어 통역관으로 중국 북경 동지를 수십 차례 내왕하여 신학문을 알게 되었으며, 유대치는 한의사 출신의 개화사상가이고, 이동인(李東仁)은 일본을 자주 드나들던 개화된 승려였다.

서울 종로구 재동 박규수의 집에는 오경석, 유대치, 김옥균, 박영교, 박영효, 서광범, 홍영식, 서재필 등 개화사상을 가진 선각자들이 모여들었다.

김옥균이 청년들의 개화운동을 주도적으로 이끌어 나가게 된 것은 그의 출신 배경이 국왕과의 접근이 용이했고, 국왕 고종도 개혁에 호의적이었기 때문이다. 1881년 박영효는 국왕 철종의 사위이고, 종2품이어서 단장이 되고 김옥균 등은 수행원이 되어 일본에 가서 5개월간 동경에 있으면서 당시 일본의 개화 선각자이고, 경응대학 설립자인 후쿠자와 유키치(복택유길)의 주선으로 일본의 고관과 병사들을 소개받고, 이듬해 6월 귀국했다.

그 무렵 국내 정세는 오랜 세월 은둔하고 있던 대원군 세력을 배경으로 구식 군대가 임오군란을 일으켜서 민씨 세력을 몰아낸 직후여서 청나라와 일본을 배경으로 하는 개화파와 수구파가 첨예하게 대립하고 있어 김옥균은 무척 곤란한 지경에 놓이게 된 것이다.

당시는 수구세력을 비호하던 독일 출신 제정고문 묄렌도르프는 "김옥균을 몰아내야 한다. 이 나라 제일의 폐해자(국가에 피해를 주는 사람, 백해무익한 자) 김옥균을 제거하지 않으면 안 된다"고 주장했다.

1882년 8월 구식 군대의 반란인 임오군란을 수습하기 위해 금릉위 박영효가 일본으로 가는 수신사의 단장이 되고, 김옥균은 그 종사관으로 수행한다. 김옥균은 일본 외무성의 주관으로 차관 17만원을 받아내고 그중 5만원을 임오군란의 제1차 비상금으로 상환하고, 남은 금액은 체제비와 여비에 사용했다.

수신사 박영효 일행이 일본에서 돌아온 이후에도 국왕 고종의 밀지(密旨)에 따라 김옥균은 일본에 남아 있으면서 차관 협상에 집중했다. 그때 김옥균은 일본에서 800만원의 차관을 얻어오면 기선, 군함, 대포 등을 구입하여 국내 개혁을 이룰 수 있으리라는 구상을 하고 있었다. 그런데 어이 없게도

이 협상은 결국 국내 몰지각한 수구세력의 방해 책동으로 무산되고 말았다.

1883년 2월 김옥균은 일본에서 돌아온 후 승정원 우부승지, 그리고 3월에는 새로 생긴 외무아문의 참의로 승진하고, 동남제도(東南諸島) 개척사 겸 관포경사(管捕鯨事)를 맡게 되었다. 이 직책은 영토 개척을 위해 새로 설치된 관청이었다. 곧 이어 4월에는 이조 참의, 10월에는 호조참판, 11월에는 외부 협판으로 전보되었다.

갑신정변

1884년 10월, 일본의 다케조에(竹添進一郎) 공사가 조선에 들어 와서 개화당의 쿠데타 기운은 최고조가 되어 그해 11월 4일, 박영효 집에 개화당 요인 김옥균, 박영효, 서광범, 홍영식, 서재필과 다케조에 일본 공사, 일본인 시마무라(島村速雄)까지 참석하여 거사 모의를 했다.

주동자 김옥균의 제안으로, 첫째 우정국 낙성식 피로연을 이용한 거사, 둘째 심야에 수구당 당원을 일망타진하고 민태호 부자에게 죄책을 돌리자는 것, 셋째 홍영식 별장에서 거사 하자 등 3가지 방안을 놓고 토의한 결과 제1안이 채택되어 추진했다.

개화파에서는 11월 8일에 장사 이인종이 수구파의 동향을 점검하고, 청국 원세개의 진중을 탐색하기로 했다.

11월 18일에는 김옥균이 창덕궁에 입궐하여 현 정세의 혼란스러운 것은 그 책임이 오직 청국과 사대당에 있다고 은밀하게 상주(上奏)하며, 11월 19일 밤에는 도도한 능변으로 다음과 같이 간절하게 진언했다.

"지금 천하의 대세를 살펴보면 멀리는 서양 여러 나라의 동방정책이 10년 이래 갑자기 돌변하여 영국, 프랑스, 러시아의 모든 강대국이 호시탐탐한 눈으로 서로 엿보고 있는 중에 제일 먼저 나폴레옹 1세 이래 동양 침략에 착수한 프랑스는 나폴레옹 3세 때 이미 인도차이나 세력을 부식하고, 이제 또 다시 청불전쟁을 일으키게 되었는데 첫째, 청국의 내정은 재정의 궁핍이 극도에 이르고, 군병은 절제가 무엇인지 알지 못하는 오합지졸의 무리이며, 또한 정부에 일정한 방침이 없으므로 전쟁의 결과가 청국에 불리한 것은 분명하며 프랑스가 청국을 굴복시킨 다음에는 그 손길이 조선에 미칠 것은 지난 1866년의 전례를 볼지라도 다시 의식할 여지가 없을 터이니, 그렇게 되면 지금 퇴폐한 국력으로 장차 어찌 수용할 것이며, 러시아의 진출은 무엇으로 저지하겠습니까?

또한 근래에는 청일 양국의 사이가 점차 불리하여 전에 가서 본 바로 지금 일본은 군비 확장에 밤낮을 가리지 않는 형편인데, 이

것이 청일전쟁을 준비하는 것임은 의심할 여지가 없사오며, 전날 다케조에 일본 공사가 신(김옥균)과 의논이 맞지 않아 신의 일을 사사건건 방해해 온 것을 위에서도 독대하시는 바이거니와 이번 귀로(歸路)했다가 온 뒤로 갑자기 태도를 바꿔 도리어 신과 사귀고자 하는 것을 보고, 일본의 전략이 바뀐 것을 가히 알 수 있습니다.

앞으로는 제도를 혁신하여 민력을 기르고 밖으로는 독립을 세계에 선포하고, 문호를 개방하여 신지식을 받아들이는 것이 급선무인 것입니다." 『김옥균의 전기, 민태원』

1884년 12월 4일, 새로운 역사를 시작하려는 순간이 다가온다. 그날 오후 우정국 낙성식을 기화로 개화세력의 정변의 횃불이 점화되어 치솟았다. 우정국에는 우정국 총판 홍영식, 미국공사 푸트, 윤치호, 김옥균, 김홍집, 이조연, 한규설, 서광범, 민영익, 시마가키 서기관, 묄렌도르프 등이 모여 앉아 있었다.

갑신정변의 총지휘자 김옥균은 집에서 하인이 왔다는 등 들락날락하며 자주 자리를 뜨면서 거사를 지휘한다. 홍영식의 우정국에 대한 간단한 보고를 끝마친 후 향연이 벌어진다. 사전에 개화파에서는 안동 별궁 근방에 불을 지르는 것을 신호로 수구파를 처치하기로 모의했었다. 서양식의 연회장에 술이 거나하게 돌았을 때 "갑자기 불이야! 전동대감 댁에 불이 났다" 하는 함성과 함께 우정국 창문이 훤히 밝아졌다. 민비의 조카 민영익은 그의 부친 민태호의 자택에 불이 났다는 고함에 놀라 허둥지둥 급히 문을 열고 뛰어 나갔다. 잠시 후 개화파의 피습을 받아 부상을 입은 민영익이 다시 연회장으로 뛰어 들어왔다. 청국의 영사 진수당(陳樹棠)은 창문을 열고 도주했으며, 행동대원 이규완, 최은용 등이 칼을 뽑아들고 안으로 들어오고, 민영익은 다시 부축을 받으면서 급히 도망을 갔다. 그리하여 연회장은 그야말로 아수라장이 되고 말았다. 거사 30여 분만에 근방 초가의 불은 진화되고, 우정국은 다시 조용해지고, 행동대원들은 지령대로 박영효의 집으로 급히 몰려갔다.

김옥균 일행은 창덕궁에 들어가서 국왕 고종에게 사대당에서 반란을 일으켰다고 둘러대고, 대궐로 들어오는 수구세력의 대신 이조연, 조영하 등을 처치했다. 개화파는 국왕 고종과 민비를 방어하기에 쉬운 계동궁으로 이동했다. 그러나 민비가 완강하게 창덕궁으로 갈 것을 주장하여 국왕 고종은 다시 창덕궁으로 돌아오게 되었다.

그 무렵 경기감사 심상훈이 대궐 안으로 들어오려고 했을 때 박영효, 서재필은 반대했다. 그러나 주동자 김옥균이 경기감사 심상훈은 나의 친구이니 들여보내라 하여 실책을 저지르게 된 것이다.

심상훈은, 영문을 잘 모르고 있던 국왕 내외분에게 개화파에서 정변을 일으킨 것이라고 일러 바치고, 청국 군대로 진압하도록 진언하여 수구세력의 첩자노릇을 한 것이다.

청국 원세개의 군대는 5,000여 명 정도이고, 그 반대의 개화세력은 고작 일본군 150여 명이고, 조선 청년 100여 명 정도였다.

창덕궁 후원에서 전투가 벌어졌다.

개화파에서는 평소 수구세력과도 잘 알고 지내고, 성품이 원만한 박영교, 홍영식을 보내 수구세력과 타협을 시도해 보려 했으나 수구당 세력에서는 박영교, 홍영식을 처단해 버렸다.

창덕궁 후원, 계동, 재동, 인사동, 일본 공사관 근방은 격전장이 되고 말았다. 김옥균, 박영효, 서광범, 서재필 등의 개화파는 창덕궁 후원, 계동, 재동을 거쳐 일본 영사관에서 며칠 동안 있다가 서대문 성문을 부수고, 마포 강변으로 가서 배를 타고 인천에 가서 일본 선장의 도움으로 간신히 일본 군함을 타고 일본으로 도주했다.

앞서 김옥균은 갑신정변 후 삼일천하 내각을 조직할 때 호조참판을 맡기로 했다. 그랬더니 동지들이 "정변의 주동자가 그래도 판서 정도는 해야지, 말이 되느냐?"라고 하자 김옥균은 "우리 개화당은 개화의 진로를 열어 주는 것 뿐이다. 높은 지위는 앞으로 정말로 제대로 중책을 수행할 사람들에게 주기로 하자"면서 만류했다고 한다.

이 말은 김옥균이 일본 망명 당시 절친하게 지낸 일본인 동지 도야마 미치로의 증언이다.

일본 정부는 망명 초기 갑신정변 참여의 책임을 회피하고, 또한 개화파의 김옥균, 박영효, 서광범, 서재필 등에게도 냉랭한 태도였다. 그리하여 서재필은 "일본의 무사도 정신이 고작 이것이군, 더는 일본과 함께 할 게 없다"고 단정하고 미국으로 가기로 작정했다. 박영효, 서광범, 서재필은 미국으로 갔으나 국왕 철종의 사위인 박영효는 미국인들은 왕족, 귀족, 양반에 관해 잘 모른다면서 미국에서의 생활이 맞지 않아 다시 일본으로 되돌아갔다. 서광범과 서재필은 미국에 정착하여 각자 도생의 길로 나섰다.

일본 정부는 김옥균에게 냉정했지만, 그를 안쓰러워 동정하는 일본 민간인들이 한때 조선의 진출 운동을 추진하여 조선과 청국에 민감한 영향을 주게 되었다. 그리하여 조선왕조 수구세력들이 보낸 자객들이 수차 일본에 파견되어 김옥균을 저격하려고 했다.

김옥균은 일본에 있는 동안 갑신정변의 내력과 경과를 상세하게 기록한 『갑신일록』을 저술했다. 김옥균이 쓴 휘호 운산호묘(雲山浩渺)는 **구름 낀 산이 넓고 아득하**다는 뜻이다. 일본에 망명 당시 김옥균의 심정을 표현한 것이다. 조선왕조의 외척 수구세력에서는 김옥균을 저격하려고 자객 지운영을 일본에 보낸 적도 있다. 그러자 1886년 일본 정부는 지운영 사건을 계기로 김옥균을 인적이 아주 드문 절해고도인 일본 남방 오사가와라에 유배하고, 다시 2년 후 북해도 삿포로로 이주하는 수모를 주었다.

김옥균이 일본 정부로부터 받은 냉대와 모욕은 북해도 귀양 시절 오오쿠마 외무 대신에게 보낸 서한에도 그대로 드러나 있다.

"삿포로에 도착, 도청의 공기를 살펴 보았더니 성가신 골칫꾼으로 취급하는 지라, 김옥균의 신상으로 미루어 실로 참기 어려운 자경을 당했으나, 김옥균이 내심으로는 각하의 은혜를 믿고 마치 처녀처럼, 천치처럼 인내를 지켜 이미 서너 달이 지났는데도 아무런 소식이 없었습니다.

그런데 들려오는 소식에 의하면 김옥균을 외국에 보냄으로써 일본이 상처를 구하니 보다 무리해서 가히 일본 정부에 들어온 자를 눌러두고 만약 생존하면 기회가 있을 때 한 번 도구로 써먹는다는 것이옵니다."

그후 주일 청국 공사관의 이경방 등이 김옥균을 청국으로 유인하려는 계획을 추진한다. 김옥균은 일본에서 그를 냉대하자 북양대신 이홍장을 만나 담판하고, 그의 입장을 이홍장의 도량에 하소연하기로 했다.

1894년 2월, 김옥균은 소년 한 명을 대동하고 일본 고베(신호) 항구를 떠나 중국 상하이(상해)로 가는 배를 탔다. 그 배 안에는 외척이 보낸 자객 홍종우가 함께 타고 있었다. 1894년 3월 28일 상해 동화 양행이라는 여관에서 김옥균은 자객 홍종우의 저격을 받고 생애를 마쳤다. 프랑스 유학까지 했던 홍종우는 민씨 일파의 지령을 받고 김옥균을 처치한 대가로 고작 잠시 군수를 지냈다. 김옥균이 타계하게 되자 그때는 역적으로 몰려 그 유해를 국내로 들여다가 효수형에 처했다.

김옥균을 따라 조선에 들어와 살던 가이라는 일본인 사진사가 김옥균의 머리털을 몰래 잘라다가 일본 동경 문경구에 있는 진정사에 김옥균의 묘소를 만들었다.

갑신정변이 삼일천하로 끝나고 실패하게 되자 갑신정변의 주동자 김옥균, 서재필 집안은 집단 자결을 하여 집안 자체가 멸문지화가 되었다. 김옥균의 가문은 김옥균이 타계한 이듬해 1895년 먼 친척 조카 김영진(金英鎭)이 양자로 들어와 대를 이어 4남 4녀를 두고 1947년에 타계했다. 이처럼 대를 이은 장손 김성한은 경성고상(서울대학교 상과대학 전신)을 나와 식산은행(산업은행)에서 근무했고, 서대문구 연희동에 있는 아파트에서 살고 있다. 서재필은 미국에서 재취 부인으로 서양 여성과 결혼하여 2녀를 두었다. 한국인 최초로 양복을 입은 남성은 개화 선각자 허선 선생, 허달(許達) 선생, 김가진 선생, 김옥균 선생 등이다.

1881년 김옥균, 서재필, 유길준, 홍영식, 윤치호 등은 처음으로 양복을 입고 일본에서 귀국했다. 한국 여성으로 최초로 양장을 한여성은 영친왕의 생모 엄비와 윤일선 박사의 모친 이숙경 여사이다.

개화 선각자 고균 김옥균 선생

김옥균 선생의 청년, 장년 시절 청국의 조선에 대한 내정 참견은 극도에 이르렀다. 청나라 북양대신 이홍장, 군인 원세개는 조선의 내정에 참견하고, 원세개는 충무로 앞 중국 대사관 근방에는 조선인들이 얼씬도 못하게 했다. 조선인들이 보행하지도 말라 하고, 지나가는 여인에게 희롱하고, 겁탈해도 어쩌지 못하고 한성 구리개(현재 을지로) 약방에 들어가 인삼, 약재를 강탈하고 행인들의 물건을 착취하는 한심한 실정이었다. 청국인들은 절도, 강도 행위를 일삼았다.

『매천야록』에도 일본군은 절도가 있어 조선인에게 민폐를 끼치지 않았는데, 청국군은 그대로 날강도처럼 약탈해갔다고 기록되어 있다.

그러나 군인 출신의 청국 원세개가 지휘하는 청군 5,000여 명과 문관 출신 다케조에 일본 공사가 지휘하는 일본군 250여 명과 조선 청년 100여 명과의 전투에서 일본군의 승리는 처음부터 기대하기 어려운 것은 자명한 일이었다.

김옥균은 문관 출신의 경박한 다케조에 공사를 믿고 갑신정변을 일으켰으나 전투 지휘 경험이 없는 다케조에 공사가 승산이 없자 일본군이 슬쩍 물러나 버려 결국 갑신정변은 삼일천하로 끝나고 만다. 만약 그때 일본 정부에서 군인 출신의 장군이 4,000여 명의 정예 군대를 보내 적극적으로 조선의 개화세력을 지원했더라면 승리할 수도 있었을 것이다. 그후 일본도 각성하여 조선의 공사로는 문관이 아닌 미우라, 이노우에 등 군인 출신 장군들을 보냈고, 역대 조선총독들도 일본의 육군대장, 해군대장 출신들을 기용하여 파견했다.

김옥균과 서재필은 장원급제를 한 대수재이다. 박영효 선생과 서재필 박사는 김옥균 선생보다 더 영특하고 치밀했다. 그러나 김옥균 선생은 박영효 선생, 서재필 박사보다 더 성품이 호방하고 스케일이 큰 인물이다. 김옥균은 사교성이 뛰어나고, 한시, 그림, 글씨에도 재능이 있고, 일하는 데는 과단속결하고,

추진력이 강하고 설득력과 지도력이 뛰어났다.

김옥균 선생은 조선 역사에서 50년에 한 번 정도 나오는 재사이고 영걸이고 선각자이다. 세상을 개혁하려는 생각을 한 사람은 박규수, 오경석, 류대치, 유길준, 이동인 등이다. 그러나 고균 김옥균 선생은 세상을 개혁하려고 하여 개혁이 성사되지는 않았으나 직접 실행을 했다.

안동 김씨 60년의 외척 세도와 여흥 민씨 40년의 외척 세도 중에 물론 잘한 것도 있었지만 결국은 나라를 결딴내는 방향으로 나아갔다.

안동 김씨 중에는 뛰어난 인재도 많이 있었지만 가장 훌륭했던 큰인물은 고균 김옥균 선생이다. 김옥균 선생은 일본에서 망명 생활을 하는 동안 양심적인 일본 지식인들에게 조선인들의 순수한 기상을 유감없이 발휘했다.

민간인 유공자로 잘 알려진 미야자키를 위시하여 많은 일본 협객들이 김옥균 선생을 따르는 제자가 되었다. 이와 같이 김옥균 선생은 일본의 양심적인 지성인들과 친교하면서, 조선의 수준 높은 문화, 예술, 학문을 전수하여 거성(巨星), 재사로 각인되어 그 사람들 위에 있는 의연하고 당당한 존재로 조선을 빛내었던 것이다.

서재필

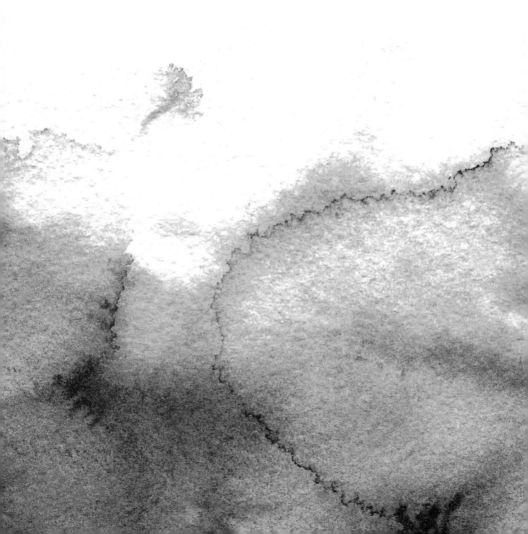

조선의 천재이고 개화 선각자이고, 대한민국 건국의 원훈(元勳)이신 송재(松齋) 서재필(徐載弼) 박사는 1863년 10월 28일 전라남도 보성군 문덕면 가천리에서 당시 보성군수이던 서광언(徐光彦) 선생의 3형제 중에서 차남으로 출생했다.

서재필 박사의 선대 고향은 충청남도 논산이다. 보성에서 태어나기만 했고, 조상 대대로 살아왔던 논산에서 주로 성장했다. 현재 논산훈련소가 있는 데에 서재필 박사가 살아왔던 선산이 있었다.

서재필 박사의 본관은 달성(대구)이다. 조선 제21대 국왕 영조의 부인 정성왕후가 달성 서씨이다. 정성왕후는 서종제(徐宗悌)의 따님이다. 서종태(徐宗泰)는 숙종 때 영의정, 서명균(徐命均)은 영조때 우의정과 좌의정, 서지수(徐志修)는 영조 때 영의정, 서유신(徐有臣)은 대제학, 서영보(徐榮輔)는 대제학, 서기순(徐箕淳)은 대제학을 지냈다.

서재필 박사 집안은 이른바 3대에 걸쳐 재상, 3대에 걸쳐 대제학을 배출한 삼한갑족의 최고 양반 집안이다. 서재필 박사는 어려서 당숙인 서광하(徐光夏)에게 양자로 입양되었고, 1871년 서울에 올라와서 서광하 부인의 동생인 외삼촌 김성근(金聲根)의 집에서 한학을 공부했다.

서재필 박사의 외가는 안동 김씨 권문세가이고 외삼촌 김성근은 이조판서였다. 서재필은 김성근과 친척간이며 자주 집에 찾아오는 개화파의 김옥균을 만나게 되었다. 그리고 김옥균을 통해 서광범, 박영효, 홍영식도 알게 되어 개화사상을 갖게 되었다.

이어 16세이던 서재필 박사는 별시 문과, 병과에 최연소 장원급제를 하여 국왕 고종을 비롯하여 개화파들의 칭찬을 받았다. 특히 연상의 김옥균은 서재필을 극진하게 아껴주고 총애했다. 그러던 어느 날 서재필, 김옥균, 박영효는 서대문구 봉원사에 가서 개화 승려 이동인으로부터 일본, 유럽, 미국의 세계 정세를 전해 들었다. 사진, 현미경, 망원경, 지구의, 『만국사기』 책도 구경했다.

2개월 후에는 김옥균이 책, 사전, 성냥을 얻어 왔는데 특히 성냥에 불이 저절로 일어나는 것을 무척 신기해 했다.

과거에 합격한 서재필은 교서관 부정자(副正字)에 임명되었다. 김옥균은 민비에게 고래잡이를 건의하여 포경사(捕鯨事)가 되고, 이를 기회로 청년 61명을 일본으로 유학 보내기로 했다.

1883년 5월 김옥균의 주선으로 서재필은 일행 14명과 일본에 유학을 갔다. 선각자 후쿠자와(복택유길)가 세운 게이오 의숙(경응대학)에서 일본어를 공부하고, 11월에 도야마 육군사관학교에 들어갔다.

서재필이 일본에 있을 때 임오군란이 발생했고, 서재필은 1년간 군사교육을 받고 1884년 5월에 귀국했다. 국왕 고종은 서재필 일행을 맞이하여 큰 희망을 갖고 몹시 기뻐했다.

한성 판윤에서 광주 유수로 좌천된 박영효와 서재필은 국왕 고종을 알현하고, 우리 조선도 일본, 유럽처럼 최신식 사관학교를 만들어야 한다고 제안하자 새로운 것에 관심이 많은 고종은 흔쾌히 동의했다. 그리하여 서재필은 육군사관장(사관

^{학교 교장})이 되고 서울 종로에 사관학교에 해당하는 조련국을
설치하고 경기도 광주에서 훈련을 하기로 했다.

그랬더니 민비 외척과 청나라와 수구세력들의 반대로 서재
필의 원대한 구상은 수포로 돌아갔다. 이처럼 서재필, 박영효,
김옥균 등의 이 나라를 구출할 수 있는 첫 번째 계획은 무
산되고 말았다. 그렇다고 서재필, 박영효 등은 그대로 선선히
물러설 인물이 결코 아니었다.

그리하여 서재필, 김옥균, 박영효 등은 일본의 지원을 받아
민비 외척과 수구세력을 몰아내기로 작정하고 국왕을 내세워
위로부터의 개혁을 시도했다.

1884년 12월 4일 갑신정변을 일으킨 총지휘자는 연장자 김
옥균이고, 최연소자는 21세의 서재필이었다. 우정국 낙성식에
서 연희를 계기로 정변을 일으켜 집권하자 서재필은 병조참판
겸 정령관(正領官)의 직책을 맡았다.

개화파에서는 대궐에 들어오는 수구대신 조영하, 이조연을
처치했다. 서재필과 박영효는 대궐 안에 사람을 들여보내지
말라고 했다. 그때 경기감사 심상훈이 창덕궁 앞에 나타났다.
총지휘자 김옥균은, 박영효와 서재필이 반대했지만 "심상훈은
나의 친구이니 대궐에 들여 보내라"고 했다. 심상훈은 민비에

게 상황을 알려주고 청나라 군대를 동원하도록 제안하는 첩자노릇을 했다. 김옥균이 일을 잡쳐버린 것이다. 무관 원세개의 청나라 군대는 5,000여 명이고, 문관 일본 다케조에 공사의 일본군은 150여 명, 조선 청년 100여 명이었다. 그런고로 처음부터 승리할 수 없는 것이었다. 만약 그 일본군 장군이 4,000여 명의 병력을 동원했더라면 갑신정변이 성공할 수 있었을 것이다.

따라서 김옥균의 실책과 민비 외척과 청국의 방해로 서재필, 박영효가 조국을 위기에서 구출할 수 있는 2차 기회도 수포로 돌아갔다.

갑신정변이 삼일천하로 끝나고, 서재필, 박영효, 김옥균, 변수와 사관생도 4명은 인천으로 피신하여 일본 기선 천세환을 타고 일본으로 달아났다.

박영교와 홍영식은 타협을 하려고 국왕 고종을 따라갔다가 수구세력에게 처단되었다. 형님 서재춘(徐載春), 서재필의 부모, 그의 아내 김씨 부인은 음독 자결하고 성균관 부제학이던 동생 서재창(徐載昌)도 수구세력에게 피습을 받아 생애를 마쳤다. 3세 된 어린 아들은 도와주는 사람이 없어 제대로 먹지 못해 타계했다.

서재필은 일본에 있을 때 미국 성서공회 일본지역 총무인 헨리 루이스 목사 집에서 4개월 간 있으면서 영어를 배우고, 한국어를 가르쳐 주었다.

서재필은 1885년 5월 25일, 미국 샌프란시스코에 도착하여 하숙집을 정하고, 선교사들이 써 준 소개장을 가지고 사람들을 찾아 다녔으나 별다른 도움을 받지는 못했다. 서광범은 견미사절단으로 왔을 때 알게 된 선교사 언더우드의 형님의 도움을 받아 뉴욕으로 가서 루저스대학으로 들어갔다. 그러나 국왕 철종의 사위인 박영효는 미국에서는 동양처럼 귀족, 양반에 관해 잘 모른다면서 미국 생활에 적응이 안 되어 일본으로 돌아가 버렸다. 혼자 남은 서재필은 교회를 찾아가서 잘 되도록 기도를 했다. 취직을 하려고 여러 지역을 찾아보았으나 영어가 잘 안 되어 직업을 찾기가 쉽지 않았다. 서재필은 미국 워싱턴에 있는 백악관으로 쿠릿치 대통령을 만나러 갔다. 그리하여 찾아온 연유를 말했더니 대통령 비서관은 정중하게 거절했다.

서재필은 광고지를 돌리고, 기독교 청년회에서 하는 야간학교에 들어갔다. 서재필은 일본에서 만났던 바라 목사의 주선으로 로버트 장로를 알게 되었다. 서재필은 로버트 장로의 주선으로 부자 홀렌 백을 만났다. 1886년 9월 서재필은 펜실베이니아 주의 해리힐맨학교에 입학했다. 서재필은 1888년

6월 학교를 졸업했다. 1888년 라파예트대학에 들어갔으나 학비가 없어 2년 만에 중퇴했다. 서재필은 미 육군 의학 도서관에서 한문 번역자로 일하면서 다시 조지워싱턴대학(콜롬비아 의과대학)에 입학하여 3년 만에 의사학위(MD)를 받고, 1892년에 졸업했다.

그리고 이듬해 1893년 의사면허를 취득하고, 워싱턴대학에서 강의를 하며, 월터 리드 박사와 세균학도 연구하게 되었다. 미 육군병원은 월터 리드 교수의 이름을 따서 월터 리드 육군병원이라고 한다. 서재필도 좋은 환경에서 의학 연구에 집중했더라면 월터 리드 교수처럼 유명한 의학자가 되었을 것이다. 1894년 5월 서재필은 조지 암스트롱 대령의 딸인 뮤리엘 암스트롱과 재혼했다.

1894년, 국왕 고종이 갑신정변 주동자들에게 사면령을 내렸다. 1895년 5월 박정양 총리대신이 서재필을 외무협판으로 임명하고, 환국을 요청했으나 거절했다. 그러던 중 박영효가 직접 미국에 와서 귀국을 간청하자 서재필은 1895년 12월 26일 의사 생활을 정리하고 환국을 했다. 서재필은 중추원 고문이 되었다. 그는 1896년 4월 7일 『독립신문』을 창간하고, 7월 2일에는 독립협회를 창설, 고문이 되었다.

독립협회 회장은 안경수, 이완용, 윤치호 등이 역임을 했다.

당시 배제학당의 교사로는 서재필, 윤치호, 헐버트 박사였고, 학생으로는 이승만, 신긍우, 신흥우, 주시경 등이었다.

서재필은 1897년 11월 20일에는 독립문을 만들었다. 그는 배제학당에서 학생들에게 서양 학문과 연설과 토론에 관해서도 지도했다. 서재필은 독립협회에서 주관하는 만민공동위원회에서 국민들에게 연설과 토론에 관해 설명하고, 정부에 국민들의 의견을 제시하기도 했다. 서재필 박사는 한국인으로는 최초의 서양 의사이고, 최초로 서양의 연설, 토론, 문화를 갖고 조국에 들어와 세인에게 알려준 선각자였다.

아관파천이 발생하자 서재필은 러시아 영사관으로 가서 국왕 고종에게 "경복궁으로 돌아가시기 바랍니다"라고 직언을 하자 친러파 이범진이 "역적모의를 하여 국왕을 해치려 한다"고 천인공노할 근거 없는 모함을 하는 것이었다. 주한 일본 공사 소촌(小村)은 서재필에게 직접 암살 위협을 하기도 했다. 서재필 박사는 국왕 고종에게 직언을 했으나 수구세력들에게 둘러싸여 오히려 독립협회 관계자들이 구속되는 일이 발생했다.

서양의 새로운 군사문화와 제도를 재빨리 받아들이지 않고, 남의 험담이나 하고, 파쟁과 공리공론만 하는 데 환멸을 느낀 서재필 박사는 10년 전 갑신정변 당시와 다를 게 없다고 보았다.

서재필은 조선 정부가 그를 중추원 고문에서 해임하더라도 광업회사 공의로 남아 활동하려 했으나 이것조차 난색을 표하는 것이었다.

서재필 박사가 3차로 조선을 위기에서 구출할 수 있는 기회는 이범진, 이유원, 심상훈 등 수구세력과 외국 공사들의 방해 책동으로 수포로 돌아갔다. 결국 남은 기간에 대한 급료를 받고 1898년 5월, 서재필은 미국으로 돌아갔다.

1898년 5월 14일, 미국과 스페인의 전쟁(미서전쟁)이 일어나자 서재필은 미국 군의관으로 파견되어 미서 전쟁에 종군했다. 12월에는 펜실베이니아대학교 의과대학에서 강의를 맡았다. 1899년에는 펜실베이니아대학 위스타 연구소 연구위원이 되었고, 1904년에는 필라델피아에서 인쇄와 문구사업을 동업으로 운영하고, 1914년에는 필립 제이슨 회사를 세워 단독으로 운영했다. 1918년 12월 19일, 서재필 박사는 대한인 국민회 회장 안창호에게 영문 잡지 발간을 제안하기도 했다.

1919년 3월 1일, 국내에서 이른바 3·1 만세운동이 일어나자 이승만, 정한경, 장택상, 조병옥, 임병직 등은 미국 독립운동의 발생지이고 서재필 박사가 병원을 운영하는 필라델피아로 모여들었다.

서재필 박사는 이승만보다 무려 24년이나 먼저 미국에 들어와 살고 있었다. 당시 서재필 박사는 미국에서 제일 오래 살아온 사람이고, 최연장자이고, 가장 영향력이 있는 한국의 지도자였기 때문이다.

1919년 4월 14일, 필라델피아에서 제1차 한인 연합의회를 조직하고 의장에 서재필 박사, 부의장에는 이승만 박사를 추대하고, 사회는 이승만, 정한경이 맡고 나서 3·1 만세운동을 찬양하는 시가행진을 벌였다.

서재필은 4월 16일 한국 통신부를 설립하여 『코리아 리뷰 (Korea Review)』를 발간하고, 5월에는 필라델피아에서 한국 친우회를 결성하고, 그후 미국 전역과 영국, 프랑스 등지에 23개의 친우회를 결성했다. 그때 서재필 박사는 독립단체에 사재 7만 6천 달러를 전했고, 영국 유학하던 장택상은 이승만 박사에게 20만 달러를 전했다. 장택상의 형님되는 장권상, 장직상은 봉오동 전투, 청산리 전투에 사용되는 무기 비용을 지불했고 초기 임시정부에도 거액의 독립자금을 지원했다.

1921년 4월 18일, 서재필 박사는 구미 위원부 임시 위원장에 취임하고, 9월에는 워싱턴회의 한국 대표단에 대표로 임명되었다.

1922년에서 1945년까지 동아일보, 조선일보, 신민, 동광, 산업, 우러카 등 한국과 미국의 한국 언론에 논설을 보내왔다. 1924년에는 필립 제이슨 회사 운영을 그만두고, 1925년 4월에는 이희경, 정한경, 유일한 등 후배들과 유한 주식회사의 필라델피아 지사를 설립하여 무역업을 했다.

1925년 6월에는 하와이 호놀룰루에서 개최된 태평양회의에 한국 대표단의 일원으로 참가했다. 1926년 9월 63세 고령의 서재필은 펜실베이니아대학 의과대학에서 학생으로 등록하고, 의학을 공부했다. 그리하여 1927년 4월 11일, 병리학 전문의를 취득했다. 1936년에는 메리아 시내에 개인 병원을 운영했다. 1937년 3월 『The New Korea(신한민보)』에 「My days in Korea」, 「Random Thoughts」 등을 기고했다.

서재필 박사는 잡지 이브닝 레저(The Evening Leger)와 합세하여 한국 문제를 세계 언론에 호소했으며, 토머스 상원의원을 통해 한국의 국제연맹 가입 결의안을 미국 상원에 상정시키도록 했다.

앞서 워싱턴에서 군축회의가 열렸을 때에는 휴스 국무장관을 통해 조선의 370여 단체가 서명한 연판장을 일본대표 도쿠가와에게 제시하기도 하고, 하와이에서 범태평양회의가 열렸을 때에는 조선 대표로 참석하여 일본의 파렴치한 비인도성을 공박하기도 했다.

서재필 박사는 이재에도 밝아 미국에서 경제 단체의 수장도 맡았으며, 의사, 문구업, 인쇄업, 무역업, 독지가의 지원을 받아 모은 수백억 원의 재산을 모두 다 독립자금으로 내놓아 집과 회사도 다 없어지게 되었다. 그 이상 독립운동에만 전념할 수 없게 되어 다시 펜실베이니아대학으로 돌아가게 되었다. 서재필 박사는 독립운동을 하더라도 직접 금전을 벌어서 독립운동을 하라는 입장이었다. 직접 노력하여 벌어서 독립자금을 마련할 생각은 안 하고 교포들이 보내온 독립자금을 놓고 자금과 지위만 차지하려고 파쟁만 일삼아선 안 된다는 것이 서재필 박사의 지론이었다.

1941년 서재필 박사의 재취 부인 뮤리엘 암스트롱 여사가 타계했다. 그해 12월 8일에는 일본군의 진주만 기지 기습으로 태평양전쟁이 일어났다. 그리하여 서재필 박사는 78세의 고령인데도 미군 징병검사 의무관으로 1946년까지 자원봉사했다.

8·15 해방

1945년 8월 15일, 미군이 일본군에게 승리하게 되자 우리 민족은 해방이 되었다. 오키나와에 있던 미 제24군단장 존 R. 하지 중장은 9월 8일 미군을 이끌고 인천에 들어왔다. 서울로 들어온 하지 중장은 남조선 주둔군 사령관이 되어 미군정을 실시했다.

이어 10월 16일에는 미국에서 이승만 박사가 미군용기를 타고 들어왔다. 11월 23일에는 중경 임시정부 제1진으로 김구, 김규식이 들어왔고, 12월 2일에는 제2진으로 신익희 등이 군산, 옥구비행장으로 들어왔다.

하지 중장과 미 국무성은 이승만 박사와 정치노선이 달라 민주의원 의장 이승만 박사를 몰아내고, 새로 입법의원을 만들어 입법의원 의장 김규식 박사를 대통령 후보로 만들려고 했다. 그러나 하지 중장은 김규식 박사가 이승만 박사와 대결하기에는 적성이 잘 맞지 않는다는 것을 알아차렸다. 그리하여 하지 중장은 직접 미국에 가서 서재필 박사를 한국으로 모셔오게 한 것이다.

서재필 박사가 49년 만에 환국하자 수많은 국민들은 갑신정변의 최연소 주역이 유일한 생존자로서 다시 돌아왔다 하여 무척 놀라고 기뻐했다. 역사와 더불어 이미 사라진 인물로만 생각되어 왔던 서재필 박사가 돌연 혜성처럼 나타난 것은 이 나라 정계와 사회에 크나큰 충격을 주었던 것이다.

1947년 7월 1일, 서재필 박사가 49년 만에 환국했을 때 인천 항구에는 이승만, 오세창, 신흥우, 김성수, 김규식, 조병옥 등 수많은 인사들이 환영을 하러 나갔었다. 그때 배제학당 교장을 지낸 신흥우 박사는 항구 부두 바닥에 엎드려 서재필 박사께 큰절을 하고 감격의 눈물을 흘렸다.

이승만은 어떤 사람들이 마중 나왔는지 분위기를 살펴보고 즉시 그대로 가버렸다. 서재필 박사를 환국하시도록 한 하지 중장의 처세를 이승만은 몹시 원망하는 표정이었다.

서재필 박사 환영 준비위 위원장은 이시영, 오세창 선생이 위원장을 맡아 서울 운동장에서 환영식을 하고, 창덕궁 비원에서 다과회가 있었다.

서재필 박사는 미군정청 최고 고문 겸 남조선 과도정부 특별의정관에 취임하고, 중앙청 207호 사무실에서 공무를 수행했다. 하지 중장이 사무실에 침대를 마련해 드리고 수시로 쉬시라고 하자, 서재필 박사는 침대를 치우라고 하면서, 나는 의사라서 건강하다 하고, 서울 운동장에서 야구시범을 보이기도 하고, 능수능란하게 운동도 잘했다.

특사로 온 웨드마이어 장군이 한국의 장래에 관해 염려를 하자 한국 국민에게는 전도양양한 희망이 있다고 자신 있게 피력했다.

서재필 박사는 혜화국민학교에 와서 선생과 학생들에게 공부를 열심히 잘 해야 선진국이 될 수 있다고 했다.

서재필 박사는 정동에 있는 KBS, 서울중앙방송국에서 일주일에 두세 번 정치, 역사, 문화, 교육, 경제, 외교, 군사에 관해 강연을 했다. 주로 교육에 관해 했고, 의학 박사 손금성 씨가 통역을 했다. (서재필은 환국하고 나서 일주일만에 한국어로 연설했다)

1948년 6월, 서재필 박사 대통령 추대 서명운동이 전개되었다. 주동인물은 정일형 위원장을 비롯하여 이광수, 백인제, 노진설, 임창영, 최희송, 최능진 등 주로 흥사단 계열의 평안도 사람들이었다. 그러나 서재필 박사는 대통령 후보로 나서지 않겠다고 사양했다.

서재필 박사가 해방되자 제일 먼저 일찍 들어와서 김성수, 여운형, 신흥우, 김구, 김규식 등을 끌여들여 적극 나섰더라면 대통령이 되는 것도 가능했을 수도 있다고 본다.

임시정부 출신의 이승만, 김구, 김규식이 단합을 못하고 분열하자 독립운동의 대선배 서재필 박사는 범정부수립 협의체를 만들어서 이승만이 김구, 김규식, 신흥우 등을 다 받아들여 주기를 원했다. 그것은 이승만의 기반을 강화해서 결국은 이승만을 도와주는 것이었다. 그리하여 서재필 박사는 신흥우를 통해 이승만에게 그러한 제안을 했다. 그러자 이승만은 이를 거절했다.

이승만의 은인이고, 은사이고 대선배인 서재필 박사는 **이승만이 내가 한국에 있는 것을 원하지 않는다고 판단**하고, 한국을 떠나 미국으로 돌아가기로 작정했다.

이승만 박사가 상해 임시정부 초대 대통령이 된 것은 배제학당 시절 서재필 박사의 수제자이고, 독립협회에서 서재필 박사의 후계자이고, 이상재 선생이 이승만을 한성 임시정부 집정관 총재로 추대했기 때문에 가능한 것이었다.

서재필 박사는 1948년 8월 15일 12세 연하이고, 배제학당 시절 제자인 이승만 박사를 배제학당 제자로서가 아니라 대통령 당선자로서 만나러 간다고, 중앙청에서 거행된 정부수립 선포식장에 참석하고 돌아왔다.

1948년 9월 2일 서재필 박사는 인천 항구에서 미군함 하지호를 타고 미국으로 돌아갔다. 서재필 박사는 미국에서 병원을 운영하며 미국에 유학을 온 서명원(전 서울대학 부총장), 신예용(의사) 등 한국인 학생들을 도와주기도 했다.

1950년 6월 25일, 조국에서 6·25 남침전쟁이 일어나자 서재필 박사는 트루먼 대통령에게 즉시 미군 출동을 요청했다. 서재필 박사는 수시로 전황을 알아보려고 많은 노력을 했다. 만나는 미국인들에게 한국을 도와달라고 간청했다.

1951년 1월 5일 그는 필라델피아 근방 노리스타운의 몽고메리 병원에서 88세의 일기로 죽지 않고 역사의 피안으로 사라져 갔다. 서재필 박사는 필라델피아 웨스트 로렐 묘지에 묻혀 있었다.

1977년 12월, 대한민국 정부에서 건국훈장 대한민국장을 추서했다. 1994년 4월 8일, 서재필 박사의 유해가 한국으로 봉환되어 현재 동작동 현충원 애국지사 묘역에 안장되었다.

윤치호

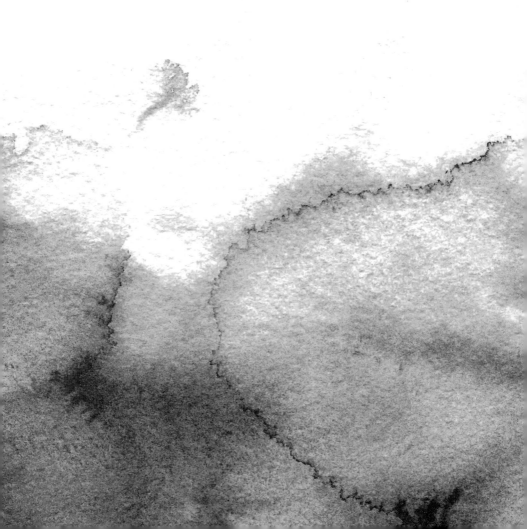

개화 선각자이고, 독립협회 회장을 지낸 좌옹(佐翁) 윤치호(尹致昊) 선생은 1865년 11월 20일(음력) 충청남도 아산군 둔포면 신항리에서 육군대신 윤웅렬(尹雄烈)의 장남으로 출생했다.

윤치호 선생의 부친 윤웅렬 선생은 무관 출신이고, 개화파이고, 대원군에 의해 추천되어 출세한 인물이다. 윤웅렬의 동생 윤영렬 선생도 무관 출신이고 군수와 3남 토포사를 역임했다. 윤치호의 본관은 해평이다. 윤치호의 4촌 윤치병은 조선시대 말기 군인이었으며, 윤치창은 일본 육군사관학교를 졸업했다. 윤치호의 9대조 윤두수(尹斗壽)는 임진왜란 당시 14대 국왕 선조에게 신의주로 피난을 가서 명나라 군대의 지원을 받아야 한다는 주장이 채택되어 일약 영의정으로 승진했다. 윤두수(尹斗壽), 윤근수(尹根壽) 형제도 무관 출신이었다.

윤치호는 15세 때 서울 정동에 사는 강씨 부인과 결혼을 하고, 한학을 공부했다. 윤치호는 부친 윤웅렬의 주선으로 1881년 신사유람단의 일정을 수행하고 일본으로 유학을 갔다. 윤치호는 나카무라가 창립하여 운영하는 동인사에 입학하여 신학문을 배우면서, 일본에 있는 서양 사람들을 찾아가서 영어공부를 했다. 윤치호는 일본 유학 2년 만에 초대 조선주재 미국 공사 푸트의 통역관이 되어 1883년 4월 국내로 돌아왔다. 윤치호는 주일 네덜란드 서기관에게서 처음 영어를 배웠다. 윤치호는 한미수호조약의 비준문 교환과 푸트 공사의 신임장 봉정식의 통역을 맡아 했다.

그 당시 19세의 나이 어린 윤치호는 정부 고관들에게 무척 총애를 받았다. 어윤중 신사유람단 단장을 따라 일본 유학을 갈 때 일본인 선장의 모자를 뺏어쓰고 지낼 만큼 귀여움을 받았다. 또 윤치호는 소년 시절 국왕 고종 앞에서 잠을 자기도 하고, 웃가도 하여 고종께서 친히 '면소아문총리대신(眠笑衙門總理大臣)'이라고 낙서를 해주기도 했다.

이처럼 고종의 총애를 받았던 윤치호도 1884년 12월, 갑신정변이 삼일천하로 끝나고 말자 처지가 난처하게 되었다. 윤치호는 푸트 공사에게 개화파의 지원을 요청하고, 개화당과 밀접한 연관을 맺고 있고, 그의 부친 윤웅렬이 삼일천하로 끝난 개화당 내각의 형조판서로 입각되어 있기 때문이다.

그래서 윤치호는 일본 나가사키에 가서 처음으로 단발을 하고 양복을 사서 입고, 이듬해 1885년 1월 중국 상해로 망명을 했다. 윤치호는 주조선 미국 공사 푸트의 소개와 주상해 미국 총영사 스탈의 주선으로 미국 남감리교회 선교부에서 운영하는 중서학원에 입학했다. 윤치호는 보엘 교수의 지도를 받으면서 중등학교 과정을 공부하고, 1887년에는 보엘 교수에게 기독교 세례를 받아 조선인으로서는 최초의 남감리교 교인이 되었다. 윤치호는 1886년 10월, 중서학원의 선교사들의 주선으로 미국에 유학하여 2년 동안 벤더빌트 신학대학과 에모리대학에서 수학하고, 5년 후 상해로 돌아와 중서 학원에서 영문법을 강의했다.

윤치호의 첫째 부인 강씨 여인이 1886년 타계하자 1894년 4월, 윤치호는 선교사 알렌 교장의 주선으로 미국 맥리에 여학교를 졸업한 중국 여인 마노라 부인과 국제 결혼을 했다. 윤치호는 외국에서 10여 년간 망명 생활을 한 후 조국의 정세가 급변하여 1895년에 귀국했다. 윤치호는 약현(현재 서울 중구 봉래동)에 양옥을 지어 두 번째 부인이 된 중국 여인 마노라와 새로운 보금자리를 마련하고, 의정부 참의, 외부협판 등을 역임했다. 바로 그때 약현(봉래동)에서 윤영선이 태어났다. 윤영선은 그의 부친 윤치호가 "아마도 신식 결혼을 한 최초의 한국인일 것입니다"라고 주장했다. 윤치호는 자녀들에게 항상 겸손하라고 깨우쳐 주었다.

윤치호는 1896년 4월, 특명 전권공사 민영환의 수행원이 되어 유럽을 돌아 러시아 모스크바에 도착하여 니콜라이 2세의 대관식에 참석했다. 윤치호는 그해 8월 하순 혼자 프랑스에 있으면서 프랑스어를 공부하고, 1897년 초에 돌아왔다. 이제 윤치호는 일본어, 영어, 중국어, 프랑스어 등 4개 국어를 구사할 수 있게 되었다.

1896년 1월, 미국에서 귀국한 서재필 박사는 독립신문, 독립협회, 독립문을 만들었다. 서재필 박사는 독립협회 최고 고문이 되고, 독립협회 회장에는 안경수, 이완용, 윤치호가 역임을 했다.

1898년 2월, 윤치호는 독립협회 부회장이 되고, 이완용의 뒤를 이어 그해 8월 회장으로 추대되었다. 그 당시 서재필, 헐버트 박사, 윤치호는 배제학당 교사로서 이승만, 신긍우, 신흥우, 주시경, 오긍선, 노병선 등 학생들을 지도했다. 서재필 박사는 친러파, 수구세력, 정부의 압력으로 다시 미국으로 가게 되자 윤치호는 5월부터 독립신문 사장도 맡게 되었다. 그해 10월에는 종로 광장에서 정부 고관과 수많은 시민들이 모여든 가운데 독립협회에서 주관하는 만민공동회가 열렸다.

그러자 정부에서는 방침이 표변하여 독립협회의 개혁운동에 불안과 위협을 느껴 탄압하기로 작정을 했다. 그리하여 이상재, 남궁억, 방한덕 등 17명의 중진들이 체포되고, 윤치호에 대해서는 극비리에 암살지령이 내려졌다. 그때 영리한 윤치호는 재빨리 정동에서 구세 병원을 운영하는 선교사 커틀러의 집에 피신하여 위기를 모면했다.

그러는 한편 정부는 독립협회에 대한 회유책을 써서 국왕 고종이 개화와 유신에 매진할 것을 서약하고, 윤치호를 한성부 판윤에 임명했다. 그러나 윤치호는 한성부 판윤에 제대로 부임할 수 없게 되었다. 왜냐하면 정부는 윤치호가 회장으로 있는 독립협회를 아예 강제로 해산시켜 버렸기 때문이다. 그때에는 박영효가 국왕 고종을 은퇴하게 하고, 의친왕을 새로 국왕으로 추대한다고 하고, 공화제로 하여 윤치호가 대통령이 되려 한다는 소문이 널리 퍼져 있었다. 이에 진노한 국왕 고종이 개화세력을 몰아내려 했던 것이다.

그후 윤치호는 5년간 덕원 감리, 삼화 감리, 함흥 부민요 안핵사(咸興部民擾按?使), 천안 군수, 무안 감리 등 외직, 한직으로 가게 된다. 그렇지만 도리어 윤치호의 개화 구상을 발휘할 수 있는 기회가 되었다.

윤치호는 덕원 감리로 재직시에 원산 등지에 한국 최초로 개량종 사과의 과수원을 가꾸어 나가도록 했다. 당시 지방 원님이 세금도 안 내고, 서양인의 엉치를 구타하여 물의를 일으키기도 하는 등 지방행정이 형편없었다.

그런데 윤치호가 함경도 지방에 부임하여 백성들에게 선정을 베풀고, 외국인을 잘 대접했다고 하여 송덕비가 세워지기도 했다.

또한 윤치호가 덕원 감리를 할 때 한성(서울)에서 암행어사를 파견하여 제 아무리 비행을 찾으려 해도 찾을 수 없으므로 "애민봉과(愛民奉過), 손실정체(損失正體)," 즉, 백성을 너무나도 사랑해서 정부 체면을 손상했다는 희한한 방을 붙였다. 억지로 비행을 따지려다가 그게 도대체 무슨 죄목이냐고 주민들이 들고 일어나 윤치호는 일단 방이 붙은 이상 그 지위에 있을 필요가 없다면서 물러났다.

그런데도 정부에서는 어음, 외상으로 쌀을 가져가는 일본 무역상을 잘 지도하라고 다시 삼화(평남) 감리로 임명했다. 어느 지방에서든지 분란이 있는 지역에 가서 모두 무난하게 잘 처리하여 장기간 지방으로만 다니게 되었던 것이다.

제3대 농림부 장관을 지낸 윤영선은 "유년 시절이지만 전근할 때마다 계속 따라 다녀서 기억에 선합니다. 치세의 어려움을 세삼 깨달았습니다"라고 회상했다. 윤치호의 삼촌 윤영렬(尹英烈)도 군수, 삼남 토포사를 지내면서 백성들에게 선정을 배풀어 송덕비가 세워졌다.

1904년 2월, 윤치호는 재차 외무협판으로 기용되었다. 그때 예술적 재능이 있는 윤치호는 애국가의 가사를 작사했다. 인천 항구에 정박 중인 영국 함대에서 의식을 거행했는데, 조선의 국가가 없었다. 그래서 급히 고종 황제의 하명을 받아 영국 민요 올드랭 샤인에 붙여 부르게 된 것이다. 윤치호가 설립한 개성의 한미서원(현재의 송도고등학교) 학생이던 최규남(崔奎南)(문교장관)도 학생 때 이 노래를 불렀다고 한다. 당시 한미서원 교장이던 윤치호는 청소년들의 애국심을 고취하기 위해 '찬미가'라는 노래집을 나눠주고 부르도록 했다. 찬미가 안에도 이 애국가 가사를 집어 넣었던 것이다. 윤치호의 장남 윤영선은 찬미가를 갖고 있었으며, 손자 윤정구는 윤치호의 친필로 남긴 애국가 가사를 학자들에게 물적 증거로 제시하기도 했다.

1904년 2월 윤치호는 또 다시 외무협판으로 등용되었지만 그때는 조선의 국운이 이미 황혼으로 기운 시기였다. 그해 8월 한일협정서를 비준할 때 외무대신 이하영이 와병 중이어서 윤치호는 대신 마지못해 체결하지 않을 수 없었다. 이듬해 1905년 11월, 을사조약이 강제로 체결되어 조선의 외교권을 박탈하게 되자 윤치호는 만 10여 년간의 공직생활을 청산했다.

윤치호는 황성 기독교 청년회(YMCA) 총무와 대한 자강회 회장 등을 지내면서 교육, 종교, 사회 사업에 진력한다. 윤치호는 그 옛날 미국에 유학하면서 마련한 자금 200달러를 남감리교부 컨틀러 감독에게 맡겨 선교사업에 사용해 달라고 부탁했다. 그리하여 1906년, 윤치호는 컨틀러 감독과 상의하여 개성에 한미서원(송도고등학교)을 설립하고 원장이 되어 교육사업을 했다. 1906년에는 윤치호는 장석윤(張錫潤)(전 내무장관)의 부친과 함께 대한 자강회도 창설했다. 외국의 말은 그만하고, 자기집 살림부터 뜯어 고치고, 백성과 농토를 사랑하자는 이러한 계몽사업을 벌인 것이다.

그리하여 윤치호의 권유로 장남 윤영선은 1914년 미국 유학을 가서 8년간 오하이오대학에서 농학을 하고, 귀국하여 윤치호의 지원으로 개성에서 약 5정보 정도의 낙농을 운영했다.

윤치호는 1920년 YMCA(기독교 청년회) 시절에도 기술 교육에 주력했고, 한미서원(개성 송도 고보)에도 공업부를 설치했다. 바로 이곳에서 짠 직물은 송고직(松高織)이라 하여 자주 변하지 않고, 값도 싸고, 질긴 직물로 유명했다. 심지어 1926년에는 미국 남감리 교회를 통해 미국에까지 수출되기도 했다. 하루의 절반을 공부하고, 절반을 일을 했던 반공생 제도를 창안해낸 개성에 있던 송도 고등보통학교는 8·15 해방 이후 개성에서 인천으로 이전하여 송도 고등학교로 문을 열고 있으며 윤치호의 장남인 윤영선이 이사장을 맡아 운영해왔다.

1910년 한일합방이 되고, 1911년에 일제 이른바 데라우찌(사내정의) 통감 암살 미수 사건(105인 사건)을 허위, 날조하여 신민회 지도자들을 일망타진하려고 했다. 그리하여 차관 지위에 있던 윤치호는 사건의 주동자로 체포되어 가장 혹독한 고문을 받았으며, 장기간 투옥 생활을 하고 풀려났다.

1919년 3·1 만세운동 당시 청년 최남선, 신익희 등이 윤치호를 찾아가서 3·1 만세운동의 참여를 제안했으나 고령이고 모진 고문을 받았던 윤치호는 "지금은 그런 것을 할 때가 아니다"라며 참여하지 않았다.

3·1 만세운동 직후 윤치호(尹致昊), 이상재(李商在), 김준연(金俊淵) 등이 주도하여 교육자, 지식인, 언론인, 재야인사 등 500여 명이 흥업구락부를 조직했다. 표면상으로는 민중 계몽과 물산 장려를 표방했으나 실상은 미국에 있는 서재필 박사와 이승만 박사와 연계되어 독립운동 자금을 모으는 단체였다. 장택상도 흥업구락부와 유사한 청구구락부라는 단체를 조직하여 몰래 미국에 있는 서재필 박사, 이승만 박사에게 독립 자금을 보냈다.

1937년 수양 동우회 사건으로 이광수, 조병옥 등이 구속되고, 청구구락부 사건으로 장택상이 연행되어 구속되었다.

1938년 3월 초 흥업구락부 사건으로 경기도 경찰부는 북촌(北村) 고등과장의 지휘로 김준연(金俊淵), 박승철(朴勝喆), 최두선(崔斗善), 구자옥(具滋玉), 이만규(李萬珪), 오화영(吳華英), 안재홍(安在鴻), 정춘수(鄭春洙), 윤치영(尹致暎) 등 50여 명이 연행되었다. 경기도 경찰부의 슈또 경부가 취조를 맡았는데 특히 김준연(金俊淵), 이만규(李萬珪), 윤치영(尹致暎) 3인은 모진 고초를 체험했다.

김준연은 혼자 맨나중에야 풀려났다. 윤치영은 슬쩍 몰래 일본 외무성의 정보록을 보았다. 다행히도 정보록에는 윤치호(尹致昊), 윤치소(尹致昭), 김성수(金性洙), 민대식(閔大植), 김일선(金一善) 등이 극비 자금을 모아 미국 지역에 보낸 사실이 기록되어 있지 않았다. 그리하여 윤치호는 연행, 구속되려는 위기에서 모면할 수 있었다. 윤치호는 영문일기를 40여 년 썼던 기록이 있고 수많은 일화와 기록을 남겼다.

아동문학가 윤국영이 일본에 가서 음악을 공부하겠다고 하자 그의 부친은 학자금을 안 주려고 했다. 그랬더니 윤치호는 음악도 학문이라면서 선뜻 학자금을 지원해 주었다. 남강 이승훈 선생이 함석헌의 일본 유학을 도와 달라고 하자 윤치호 선생은 선뜻 학자금을 지원해 주었다. 그리고 윤치호는 5차에 걸쳐 250원을 음악가 홍난파에게 학자금을 주었다. 그랬는데 악기, 바이올린을 사겠다고 100원을 더 요구했을 때는 주지 않았다. 그랬더니 청년 홍난파는 무례하고 불손한 서한을 보내왔다. 윤치호는 서한을 받고 기분이 좋지 않았다. 윤치호는 "나는 아들에게도 그런 비싼 악기를 사준 적이 없다."면서 "홍난파는 지원받는 자세가 안 된 무례한 자"라고 했다.

한편 수도의대(현재 고려대학교 의과대학) 교수였던 박문옥 선생은 다음과 같이 증언했다.

"나의 부친 박성준 씨(황해도 지사 역임)와 윤치호 선생은 절친한 친구입니다. 윤치호 선생은 일제가 친일 행사에 참석해 달라고 하면, 슬쩍 우리집에 와서 피신하여 시간을 보내다 가시기도 하고, "저녀석들(일제)이 행사에 와 달라는 데 내가 가야 하는지 안 가야 하는지 고민이다"라고 말하시더라고요, 윤치호 선생은 대가족, 일가친척, 하인 등 거느리는 식솔들이 많은데 일제에 협력 안 하면 강제로 재산을 빼앗을 것 같아 염려하는 것 같습니다. 친일할 생각이 있으면 우리집에 와서 피신도 안 하고 고민을 말하지도 않고, 선뜻 자진해서 친일 행동을 했을 것입니다. 윤치호 선생을 친일파라고 해선 곤란합니다."

개성 송도고보 졸업생과 개성 시민들은 절대 다수가 말하기를 윤치호 선생은 일제를 찬양하거나, 청년들을 전쟁에 가서 희생하라는 말은 전혀 들어본 적도 없다고 했다. 친일 행사나 신사참배에 가도 당시 80 고령이어서 한번 분위기를 살

피고 아무 말 없이 즉시 나와 버렸다고 한다. 이런 윤치호 선생을 친일 운운 해선 안 된다고 했다. 그렇지만 역사는 윤치호의 재능과 식견에 안쓰러워 하면서도 일제에 마지못해 협력하는 척한 행위에 대해서는 비판이 있을 것이다.

1945년 10월 16일 미국에서 33년 만에 이승만 박사가 한국으로 돌아왔다. 조선호텔에 있던 이승만 박사는 장덕수의 주선으로 돈암장에 있게 되었다. 그러던 어느 날 윤치호는 그의 차녀 윤용희를 돈암장으로 보내어 이승만 박사를 만나도록 했다. 윤용희가 장시간 기다린 후에야 응접실에 나온 이승만 박사에게, 윤치호 선생의 차녀라고 인사를 드렸더니 "그대가 윤치호 선생 따님이오"라고 말하고 힐끔 쳐다보고는 창가에 가서 수건으로 눈물을 닦고 나서 아무 말 없이 방 안으로 들어가 버렸다. 이승만 박사는 과거에는 윤치호 선생이 배제학당 시절의 은사이고, 선배이고, 동지였지만 현재 완전히 입장이 다르다는 것이었다. 이러한 이승만 박사의 언동과 태도를 재빨리 눈치 챈 차녀 윤용희는 돈암장에서 그대로 나와 버렸다. 돈암장에서 있었던 이승만 박사의 무례한 언동을 그대로 그의 부친 윤치호 선생에게 보고하자 자존심이 강한 윤치호 선생은 크나큰 충격을 받았다.

곧 이어 1945년 12월 6일 윤치호 선생은 아무런 유언도 남기지 않고 생애를 마쳤다. 윤치호의 장남 윤영선은 다음과 같이 말했다.

"뭐 특별히 변명은 하지 않으시더군요. 창씨개명도 하고 싶어서 한 것도 아니고, 본의 아니게 위협과 강요로 부득이 한 것이니 너무 억울하지 않느냐는 것이지요. 항일투사인 이승만 박사가 부친을 이해한 것도 그 본의를 알고 있었기 때문이겠지요. 여하간 제가 농림장관(1951년)을 지낸 것도 솔직히 그분의 아들이라는 것을 이승만 박사가 아껴주셨기 때문이지요. 이승만 박사는 그 어른(윤치호)이 생존해 계셨더라면 정치에 많이 도움이 되었을 것이라고 아쉬워 했지요."

윤치호 선생은 슬하에 12 남매를 두었다.

장남 윤영선은 1951년, 제3대 농림부 장관을 지냈으며 차남 윤광선은 어장을 경영하던 중 6·25 한국전쟁 때 납치되었다. 3남 윤장선은 샌프란시스코 총영사관 참사관을 지냈으며, 4남 윤기선은 음악가, 피아니스트이고 서울예고 교장을 지냈다. 막내 아들 윤정선은 미국의 고등학교 수학교사이다. 차녀 윤용희는 경기여고 출신이고, 미국에 살고 있다. 3녀 윤문희는 남편 정광현 서울 법과대학 교수와 함께 1971년 미국으로 갔다. 5녀 윤관희는 이화여대 음대 교수를 지냈다. 그의 남편 현영학은 이화여대 물리대 학장을 지냈다. 막내딸 6녀 윤영희는 미국에 살고 있다.

집안의 동생 윤치영은 초대 내무부 장관을 지냈으며 윤치창은 영국 대사를 지냈다. 조카 윤보선은 제2공화국의 대통령을 지냈으며 조카 윤원선은 경기도지사를 지냈다. 조카 윤택선은 국회 전문의원을 역임했다. 조카 윤일선은 서울대학교 총장을 지냈다. 조카 윤명선은 동경제국대학 출신이고, 고등문관시험 행정과에 합격하고 관리를 지냈다. 조카 윤유선(尹裕善)은 국립의료원 원장을 지냈다. 충청남도 아산군 둔토면 신항리에 있는 윤치호의 생가는 교회가 되었다. 윤치호의 묘소는 충남 아산군 둔포면 석곡리에 있다.

내가 아는 윤치호

나는 9세 때 한미서원(송도고보)에 들어간 이래 윤치호 선생이 별세하기까지 죽 모셔왔다. 윤치호 선생은 일찍부터 서재필 박사, 이상재, 이승만, 안창호, 이동휘 선생 등과 함께 개화의 선구자로 손꼽혀왔다.

최초의 미국 유학생으로 밴더빌트대학, 에모리대학에 유학했을 때에는 신사 학생으로 칭송되었고, 당시 여러 차례 조선을 소개하는 강연을 하면서 조선 기독교 학교를 설립하자고 200달러를 기탁하여 이를 기반으로 삼아 한미서원을 창립하게 되었다. 윤치호 선생은 이처럼 조선 개화 교육의 선구자로 안창호 선생이 출국한 동안 평양의 대성학교 교장직을 겸임하여 교육을 통한 국권회복의 신념을 펴나가서 한때는 전국에 수십 개의 한미 지서원(학교 분교)을 두기도 했다.

　생활과 직결되는 실학주의적 교육사상을 펼쳐 학교 목장과
농장에서 실습했다. 남의 것보다 나의 나라 것을 먼저 배우고
알라고 역설했으며, 중국 유비, 제갈공명, 조조를 들추기 전에
금강산이나 을지문덕, 이순신 장군을 먼저 알고, 배우자고 지
도했다. 매년 교내 조선 지도 그리기 대회를 열어 나의 강산,
나의 땅 찾기 운동에 힘쓴 것은 특히 감명깊다. 하학 후에는
상급생들을 모두 모아 독립협회, 만민공동회, 조선조말 국정
의 혼란상을 가르쳐 주기도 했다.

　여러 차례 감리교회 평신도 총회 대표, 세계 YMCA 대표
등 국제무대에서 능숙한 외국어와 명석한 판단력, 우아한
품격으로 각국 대표들을 매료시켜 조선의 국위를 선양했다.

　1911년 날조된 데라우찌 통감 암살 미수 사건(일명 105인 사건,
신민회 사건)으로 투옥 생활을 하게 되자 조선에 주재하던 서양
선교사들이 그분(윤치호)의 구명운동에 총력을 기울였다.

　허황된 생활을 배격하고 신사답게 살자는 것이 그분(윤치호
선생)의 생활신조였다.

이상설

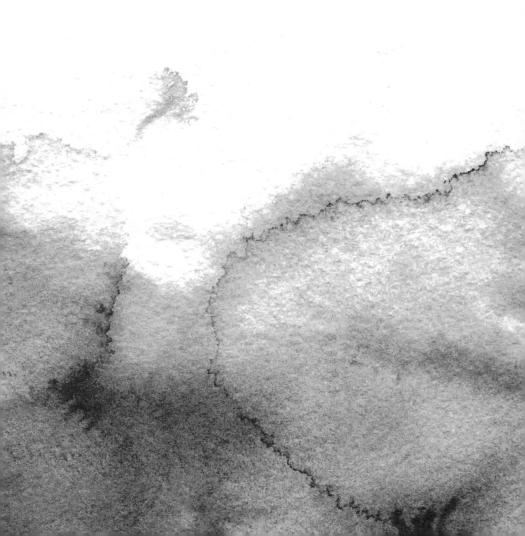

조선의 대수재이고 개화 선각자이고 의정부 참찬을 지낸 보재(溥齋) 이상설(李相卨) 선생은 1870년 충청북도 진천에서 출생했다.

진천 출신의 대표적인 인물로는 신라시대 삼국통일을 주도한 흥무왕(興武王) 김유신(金庾信) 장군과 선각자 이상설(李相卨) 선생이 있다. 현대의 인물로는 경성여자고등보통학교(경기여고의 전신), 제19회 졸업생인 수재 안경득(安庚得) 선생과 동생되는 제27회 졸업생이고 5개의 운동선수였던 수재 안인자(安仁子) 선생이 있다. 그리고 경성제일고등보통학교(경기고보의 전신) 출신의 수재이고 3선 국회의원을 지낸 이충환 의원이 있다. "생거진천이고 사거용인"이라는 말처럼 살아서는 진천에서 살고, 맨나중에는 용인으로 가는 게 소원이라고 한다. 그처럼 충북 진천이 산자수명하고 살기 좋은 지방이라는 것이다.

보재 이상설 선생은 충청북도 진천군 진천읍 산천리에서 태어나 한학을 공부하고 과거에 급제했다. 이상설은 25세에 이율곡(李栗谷) 책을 저술하고 27세에 성균관 관장이 되고, 성균학교 교장이 되어 학생들을 지도했다. 이상설은 수학, 과학, 법학, 정치학, 역사학, 영어, 일본어, 러시아어, 불란서어를 공부하여 신학문과 사상을 받아들였다. 조소앙은 한성학교를 도중에 그만두고 성균학교에서 이상설 선생의 지도를 받은 마지막 학생이었다. 훗날 조소앙 선생은 상해 임시정부 외무총장을 지낸 항일투사이다.

이상설은 1905년 을사조약의 체결이 망국이라 단정하고 조약 파기와 민중항쟁을 일으켰다. 그후 고종 황제의 지령을 받고 1907년 6월 네덜란드 헤이그 만국평화회의에 정사 이상설, 부사 이준, 수행원 이위종 8인의 밀사가 파견되었다. 이준 열사는 헤이그 국제재판소 그 자리에서 분사하고 이상설, 이위종은 러시아로 가버렸다. 3인의 밀사는 모두 국내로 돌아오지 않았다.

이상설은 1909년 4월까지 영국, 프랑스, 독일, 러시아, 미국 등을 방문하여 극동 평화를 위한 한국의 독립수호를 호소했다. 이상설은 1908년 2월 영국을 떠나 1909년 4월까지 미국에서 2년 이상 있었다. 그때 안창호가 활동하는 로스엔젤레스에 갔었다. 평안도 흥사단 계열 사람들이 이상설에게 권총을 쐈으나 간신히 위기를 모면했다. 그후 일본과 미국 유학을 한 송필만도 LA(로스엔젤레스)에 가서 이승만 측근이라 하여 평안도 흥사단 계열 사람들이 육혈포를 난사했으나 다행히 위기를 모면하고 살아 돌아왔다.

이상설과 정재관은 1909년 4월 21일 샌프란시스코 국민회관에서 송별연 대접을 받고, 4월 22일 블라디보스토크를 향해 미국을 떠났다. 그후 3개월이 지난 7월 14일에 블라디보스토크에 도착하게 된다. 이상설은 연해주 방면을 맡고, 정재관은 만주 지방을 맡기로 했다. 1년 전 1908년 9월에는 이강의 노력으로 수청(水淸) 지방에 공립협회의 지방회가 최초로 설치되었으며 1909년 1월에는 해삼위(블라디보스토크)에도 지회가 설치되었다.

이상설은 한민회 회장 김학만(金學萬)과 『해조신문』의 주간 정순만(鄭淳萬), 윤일병 등의 교포 지도자를 만났다. 이상설은 원동 임야주식회사를 만들었다. 이상설과 이승희(李承熙)는 중국 접경의 밀산부 봉밀산(蜂密山) 밑에 한흥동(韓興洞)을 건설했다. 한흥동은 한국을 부흥하는 마을이라는 뜻이다. 또한 학교를 세워 한민학교(韓民學校)라고 했다. 이상설은 한흥동을 자주 찾아가 모든 경영을 보살폈다. 이승희는 한흥동에 4년 동안 있으면서 그 지역을 한민족의 기반으로 구축하는데 노력했다.

신민회의 안창호(安昌浩), 이종호(李鍾浩), 조성환(曹成煥), 신채호(申采浩), 유동렬(柳東說), 김의선(金義善) 등은 중국 청도에 모여 1910년 4월에 청도회담을 했다. 회담 내용은 이상설이 개척하고 있던 밀산부 지방에 땅 10만 평을 사들여 독립기지를 세우자는 것이었다. 이상설은 우선 러시아 안에 의병을 한 조직체로 통합하고자 유인석, 이범윤 등과 협의하고 추진했다. 그 결과 1910년 6월 21일(음력 5월 15일)에는 13도 의군(十三道義軍)이 편성되고, 이상설은 이범윤, 이남기와 함께 도총재에 유인석을 추대하고 이상설 자신은 외교대원이 되었다.

이상설은 광무황제(고종)에게 내탕금(內帑金)에서 군사금을 보내달라고 요청했다. 그리고 광무황제가 러시아 연해주로 파천하여 그곳에 망명정부를 세워 강력한 항일운동을 전개하면 국권 회복의 길이 트일 것이라고 제안했다. 이 상소문은 이상설이 작성하고 유인석이 수정하고 전 군수 서상진(徐相津)을 시켜 광무황제에게 진달(進達)토록 했다. 이상설은 일제의 한일합방을 계기로 1910년 8월 23일 블라디보스토크 신한촌 한인학교에서 한인대회를 열어 성명회를 조직하고 일제와의 독립전쟁을 선언했다.

권업회 활동

제정 러시아는 한일합방 전후 일시적으로 일제의 요청으로 이상설을 비롯하여 독립운동가들을 구금·추방했다. 그러나 이상설은 러시아의 예우로 1911년 니콜리스크 추방에서 풀려나 다시 블라디보스토크으로 갔다. 그곳에서 권업회(勸業會)를 창설했고, 『권업보(勸業報)』라는 기관신문까지 발행했다.

권업회는 회의 운영비를 도운 이종호를 비롯하여 최재형, 정재관, 김학만, 김도여, 윤해, 김립, 한형권 등 그곳 지도급 인사가 모두 망라되고, 성명회 선언문에 서명했던 8,000여 명이 거의 참여했다. 북간도에서 활동하던 이동휘도 초청되었다.

권업회는 교포의 직업과 일터를 알선하고, 교육을 진행하는 독립운동 단체이다. 한인학교 확장에는 이종호, 이범진이 큰 자금을 댔다.

1913년 말에는 어떤 불순한 자가 이상설을 매장하고자 일제의 밀정으로 모함하는 음모까지 있었다.

그때 이상설은 아무런 해명도 안 하고 모든 공직을 내놓고 블라디보스토크를 떠나 하바로프스크로 거주지를 이전하여 머물러 있었다. 그러나 이상설은 큰 인물이어서 모든 사람들의 존경을 받았으므로 각파의 지도자 이종호(李鍾浩), 이강(李剛), 이갑(李甲), 이동휘(李東輝), 정재관(鄭在寬), 강양오 등이 이상설을 중심으로 다시 단합하여 권업회를 이끌어갔다.

한편 이상설은 1910년 블라디보스토크에 온 17세의 소년 장택상을 만났다. 이상설은 선배되는 경상도 관찰사 장승원의 3남 장택상이 영국 유학을 하려고 한다고 했다. 옆에 있던 이종호(전 보성 중학교장)는 가까운 러시아에 있는 대학을 권유했다. 그러나 이상설은 본인(장택상)의 희망대로 영국을 유학 가게 하라고 했다. 그러면서 이상설은 장택상이 영국 유학을 하도록 주선해 주었다. 그리고 독일에 들러 이갑 선생과 안창호 선생을 만나 고견을 듣고 나서 영국 유학을 하라고 했다.

평양감사, 고등재판소장, 초대 부통령을 지낸 성재 이시영 선생은 이상설 선생은 '천재'라고 말했다.

이상설은 1914년 중러 접경지역인 나자구(羅子溝)에 사관학교 건립을 지원하고 블라디보스토크에 독립운동 사상 최초의 망명정부에 이름을 남긴 대한 광복군 정부의 정도령(正都領)에 선임되었다. 노령 국민 정부의 통령은 50만 러시아 교표를 대표하는 지도자이다.

그후 1920년 상해 임시정부에는 우리가 수백 정도, 어떤 때는 수십 명 정도일 때도 있었다.

1914년에는 하와이의 아호 마후 농장에서 박용만이 국민군단을 편성했다.

이상설은 1915년 3월 상해로 가서 영국 조계가 있는 배달학원에서 박은식, 신규식, 조성환, 유홍열, 이춘일과 신한혁명당을 조직하고, 광복군의 무장과 독립전쟁 추진의 방략을 결의했다.

이상설은 1916년부터 중병으로 누워 1년 동안 투병 생활을 했다. 아무런 효험 없이 이상설은 1917년 3월 2일 시베리아 니콜리스크(송환령)에서 48세의 일기로 생애를 마쳤다.

이상설은 "조국 광복을 보지 못하는 내 몸을 화장하여 그 재를 바다에 뿌리라"는 유언만 남겼다. 그때 임종을 지킨 이동녕, 백순, 조용철, 김완수, 이민복 등은 아무르 강가에서 화장을 하여 그 재를 바다에 날렸다. 문고(文稿)와 유품(遺品) 등도 불살랐다. 대한 광복군 헌법 초고는 보전되었다. 주위 사람들의 설득으로 매장을 하여 무덤에 묻혀 유해가 한국으로 돌아와 현충원에 있었으면 더 좋았을 것이라는 생각도 한다. 문고, 유품도 보존했어야 한다.

정부에서는 지난 1962년 3·1절에 대한민국 건국훈장 대통령장을 추서했다. 이상설 선생 기념사업회에서는 1975년 5월 출생지 충청북도 진천군 진천읍 산천리에 숭열사(崇烈祠)를 세우고, 이어 북간도 용정에 이상설 선생 역사 전람관을 세웠다. 그리고 광복회에서 2001년 10월에 서거지 러시아 연해주 우스리츠크 수위푼하 강변에 다음과 같은 사적비를 세웠다.

보재(溥齋) 이상설(李相卨) 선생은 1870년 한국 충청북도 진천에서 탄생하여 1917년 연해주 우스리츠크 송황경에서 서거한 한국 독립의 지도자이다. 1907년 7월에는 광무황제(고종)의 밀지를 받고 헤이그 만국 평화회의에 이준, 이위종을 대동하고, 사행하여 한국 독립을 주장하다. 이어 연해주에서 성명회와 권업회를 조직하여 조국 독립운동에 헌신 중 순국하다.유언에 따라 화장하고, 그재를 이곳 수위푼하 강물에 뿌리다.

광복회는 2001년 10월 18일 러시아 정부의 협조를 얻어 이 비를 세운다.

최남선

한국의 대수재이고 개화 선각자이고, 역사학자이고 독립선언서 작성자이신 육당(六堂) 최남선(崔南善) 선생은 1890년 4월 26일 서울 중구 을지로 2가 22번지에서 관상감(현 기상대)의 기감을 지내고, 한의원을 하는 부친 최헌규(崔獻圭) 선생과 모친 진주(晉州) 강씨(姜氏) 부인의 3남 3녀 중 차남으로 출생했다.

최남선 선생의 본관은 철원이다. 철원의 옛 지명이 동주(東州)여서 동주 최씨라고도 한다. 최남선 선생은 고려 말기 팔도 도통사 최영(崔瑩) 장군의 20대 후손이다. 최남선 선생의 집안은 조선시대에는 중인 계급이다. 중인 계급은 한의사, 통역관, 기술자, 상인, 예술인 등이다.

최남선 선생의 부친 최헌규 씨는 관상대의 기감이고, 한의원을 운영하는 한의사이고, 중국과 크게 무역을 하여 거상이 된 큰 부자이다. 육당의 부친 최헌규는 과거 식년시 운과(雲科) 『지리학 전공』에 합격하고, 관상감 기사를 거쳐 시종원(侍從院) 부경(副卿)을 지냈으며 농사달력 출판과 한약재 무역, 한의원 의원을 하면서 큰재산을 모았다. 최헌규의 재산은 기호(畿湖)에 만석 거리 전답과 서울 사대문 안에 90여 채 가량의 큰 집과 가대(家代)를 소유했을 정도였다.

육당의 부친 최헌규가 일하던 기상대는 중국 국왕이 보내는 태양력(황력)을 일반 사람들보다 먼저 알아볼 수 있는 지위였다. 황력(皇曆)『태양력』을 농사에 맞게 농력(農曆)으로 바꿔 목판 간행을 하면 저절로 치부할 수 있는 그런 시대였다. 이렇게 모은 금전으로 중국 상인들에게 한약재를 받아 놓으면, 행운이 따라 그 약이 필요로 하는 역병이 돌아 그 한약재 가격이 자꾸 상승하여 이익이 많았다.

최헌규 씨는 성품이 원만하고, 다정다감하여 예절이 바른 사람이어서, 유별난 중국 상인들도 그에게 많은 물건들을 선뜻 맡겼다. 중국과 무역을 통해 세계 정세를 알게 된 최헌규는 같은 중인 계급의 오경석, 유대치의 개화사업에 관심을 갖고, 적극 찬성하게 되었고, 그의 아들들도 그런 일을 해주기를 원했다.

육당의 부친 최헌규는 자녀들에게 농산물을 농부에게 살 때는 반드시 값을 더 얹어주고 사라고 일렀다. 며느리들에게는 음식을 남겨서 버리지 않도록 각별히 주의하라고 했다. 그당시 서울에서 몇 백석, 몇 천석, 몇 만석 정도하는 부자집은 으레 생활이 어려운 사람들을 도와주는 일을 해야 하는 줄로 알고 있었다. 서울에서 보통 이상으로 사는 집에는 일가친척, 손님 등 식객들이 몇 일, 몇 개월, 몇 년간 와서 신세를 지곤 했다. 최헌규도 추운 날 길을 가다가 가난한 사람들을 보면, 대야에 물을 따라주고, 의복이라도 내주고, 음식 대접을 하고, 내일 아침부터 음식 대접을 받으러 오라고 했다. 그러면 이 걸인들도 3·1 만세운동 때 이 주인 집에서 하고자 하는 일을 이해하고 있었고, 연락, 물품의 운반 등 큰 활약을 하여 은혜에 보답했다.

최남선의 아호는 육당(六堂)이다. 천지사방, 즉 동서남북 상하를 육합이라 한다. 동서남북 상하 널리 퍼지도록 해박한 학문을 하겠다고 해서 육당이라 한다. 최남선의 성명 중에서 성과 항렬을 빼면 남는 것은 남(南) 자 뿐이다. 북두칠성의 반대편에는 남두칠성이 있으므로 남방에서 가장 귀한 것을 택해 육당이라 했다고도 한다. 최남선은 역관 현정운(玄晶運)의 7남매 중 6녀인 현영채(玄永埰)와 결혼했다. 최환인(의사), 최환웅(의사), 최한검(동경제대 출신) 3형제를 두었다.

육당 최남선은 한국 근대 애국 계몽운동의 선구자이고 신체시를 개발한 시인이다. 육당 최남선은 한국에서 가장 많은 책을 갖고 있었으며, 책을 가장 많이 보았으며 가장 많이 기억하고 있었던 한국 최고의 역사학자이고 문인이었다. 육당 최남선, 위당 정인보, 춘원 이광수 또는 최남선, 정인보, 홍명희를 이른바 '조선의 3대 천재'라고 한다.

육당 최남선은 서당에서 한학을 공부하고 12세 때『황성신문』에 투고한 글이 신문에 실리고, 신문사에 논설을 집필하여 10대에 문명을 떨쳤다. 최남선은 이듬해 경성학당에 입학하여 일본어를 공부하고, 3개월 후부터『대판조일신문』을 구독하여 일본어를 열심히 공부했다.

1904년 황실의 관비 유학생으로 선발되어 최년소 소년 반장으로 학생들을 이끌고 일본으로 유학을 가서 동경부립제일중학교에 입학한다.

그러나 학생들의 태도에 환멸을 느껴, 3개월 만에 자퇴하고 국내로 돌아왔다. 이어『황성신문』에 일화(日貨)를 배척하는 투고로 인한 필화사건으로 일본군 헌병대에 연행되어 민병도와 함께 1개월간 구속되었다가 풀려났다.

최남선은 1906년 재차 일본에 유학을 가서 와세다(早稲田)

대학 고등사범부 역사 지리학과에 입학하고 나서 『대한 유학생 회보』 편집을 맡아왔다. 그후 부친 최헌규가 국내로 들어와 빨리 책을 만들고, 계몽운동을 하라고 했다. 또한 학교 모의 국회에서 경술국치 문제가 의제로 되자 학교를 자퇴하고 귀국했다.

일본 유학 중에 일본의 근대적 발전에 감탄을 금치 못했던 최남선은 그의 일본 공부 보다도 국민의 수준을 높이는 계몽이 우선이라고 생각했다. 풍전등화와 같았던 조국을 구출하는 방안은 국민을 계몽시켜 현대적 국민으로 수준을 높여주는 것이었다. 그 **국민 계몽운동은 출판사업을 통해서 가능**하다고 생각한 최남선은 그의 부친 최헌규에게 자신의 구상을 말씀드렸고, 최헌규는 이 구상을 흔쾌히 받아들였다. 17세의 차남 최남선의 계몽사업을 선뜻 동의했던 것은 평소 갑신정변이 성사되지 않은 것을 안타깝게 생각했기 때문이다. 최헌규는 만약 갑신정변이 성공했더라면 일제와 대등하게 발전했을 것으로 확신했다. 최헌규는 그의 차남 최남선이 하겠다는 출판을 통한 계몽 구국운동으로 혁명에 필요한 인재 기반이 조성되면 그 전처럼 갑신정변이 무산되는 일을 반복하지는 않을 것으로 기대했다.

최남선은 부친 최헌규에게서 어마어마한 자금을 받아, 일본에서 최신 인쇄기와 일류 기술자를 데리고 들여와 상리동 21번지 건너편(현재 을지로 2가 외환은행 본점 자리)에 있던 집 두 채에 사무실과 인쇄공장을 차린다. 한 채에는 1층에 사무실, 2층에 편집실, 다른 한 채에는 인쇄공장을 두었다. 1907년 여름에 한국 최초의 현대식 출판사 신문관(新文館)이 창설되었다.

신문관 창설

1907년 신문관을 만드는 데 든 비용은 정부 1년 예산의 30퍼센트에 해당되는 어마어마한 금액이었다. 장남 최창선이 신문관 사주로 경영을 맡는다. 최남선의 집안 전체 사람들이 이 문화사업에 참여한다. 최남선의 부친 최헌규 선생은 별로 이익이라고는 거의 없는 신문관 문화사업에 17년간 막대한 자금을 지원해 주었다.

1908년 신문관에서는 한국 최초의 종합 잡지인 『소년』을 창간했다. 소년은 근대 문물을 소개하는 잡지만은 아니었다. 안창호와 최남선이 창설한 청년 학우회의 기관지이기도 했다. 제호 '소년'은 현재의 10대 소년이 아니라 새로운 사상을 가진 새로운 세대를 뜻했다. 청년 학우회 기관지라 『소년』은 4년 정도 나오다가 폐간된다. 육당 최남선과 도산 안창호가 처음 만난 것은 1907년 일본에서였다.

"도산 안창호 선생과 청년 학우회를 조직한 시기의 배경은 독립

한국이 일제의 보호국이 되고, 마지막 명운이 끊어지려는 위기에
처한 때였다. 당시 근대적 민족 자각으로서 진실한 독립국가를 찾
자는 것이었다. 그리고 이러한 청년운동의 기운을 촉진시키는 일대
모범은 이탈리아 청년운동이 우리의 모범이 되었다. 이러한 이상과
목적을 위하여 우리는 미국에서 돌아오신 도산 선생을 동경에서
만나서 그의 지도하에 상의했다(『진실정신』, 최남선, 1954년).ˮ

　　그후 도산 안창호가 먼저 귀국하여 윤치호, 이상재, 양기
탁 등과 신민회를 결성한다. 1907년 신문관이 창립된 해로 신
민(新民)과 신문(新文)은 동일한 이상을 지향하고 있었다. 신민
회는 교육진흥, 민족사업 육성, 청년운동을 추진하고, 청년운
동 단체로 1909년 청년 학우회를 조직했다. 청년 학우회 결성
에는 윤치호, 이승훈, 안태국, 차리석, 최남선 등이 참여했다.
최남선은 다른 발기인에 비해 완연히 연령 차이가 나는 약관
의 청년이었다. 최남선은 안창호의 요청으로 청년 학우회의 취
지문을 작성한다.

　　ˮ한번은 청년운동에 관한 슬로건, 즉 청년 학우회의 취지서를
꾸며보라는 요청이었다. 그 말씀의 내용은 '우리 국가와 민족이 이
렇게 쇠망한 근본 이유가 진실한 국민적 자각, 역사적 자각, 사회적
자각을 못 가진 데 있다. 그러므로 우리가 하는 청년운동은 어디까
지나 진실을 숭상해야 한다. 언변보다는 실행을, 형용보다는 내용
을 존중해야 한다. 그것이 무실역행(務實力行)이다.' 그런 내용으로

청년회의 취지서를 초안하라는 지령을 하셨다(『진실청년』)."

'거짓말하지 말라'로 압축되는 무실역행 정신을 실천하는 청년 학우회는 청년운동을 통해 근대 국민을 형성하려고 했다. 『소년』을 통해 최남선은 청년 학우회를 세인들에게 알렸다. 전국을 돌아다니면서 순회강연을 할 때 안창호는 최남선을 연단에 내세우고 소개하면서 칭찬을 했다. "20세 청년이 혼자서 신문관을 세우고, 책을 간행하여 민족의 계몽과 문화 창조에 전력을 다하고 있다"라고 세인들에게 알렸다.

육당 최남선은 '소년'이란 명사로 전국적 인물로 떠올랐지만 동시에 시련도 다가왔다. 1910년 한일합방이 되고 나서 이듬해 1911년, 일제는 데라우찌(사내정의) 암살미수 사건(105인 사건)을 날조하여 이른바 신민회 사건으로 윤치호, 안창호, 이승훈, 최남선 등 신민회 회원을 거의 다 연행했다. 이때 청년 학우회도 해체되고, 『소년』도 폐간되었다.

그후 최남선은 어린이 잡지 『붉은 저고리』, 『아이들 보이』를 만들었고, 1914년부터는 『청춘』을 발간한다. 청춘은 문예 위주로 편집하는 청년들을 위한 잡지였다. 이광수, 현상윤, 홍명희, 권상로, 이상협, 진학문, 민태원 등의 다양한 필진이 글을 썼다.

신문관 출판사 시절 최남선은 현대적 글쓰기로 문장의 혁명을 일으켰다. 국주한종(國主漢從), 언주문종(言主文從)으로 집약되는 최남선의 신문장 건립운동은 『소년』부터 일관되게 추진되어 온 것이다. 최남선은 『소년』에 「해에게서 소년에게」를 발표했다. 최남선은 '한글,' '어린이'라는 순우리말을 창안하여 사용한 인물이다. 최남선은 1914년 『청춘』에 이미 「어린이의 꿈」이라는 시를 발표했다. 이것은 1920년 방정환이 『개벽』에 발표한 「어린이 노래」보다 6년이나 앞서 사용한 것이다. 최남선은 「조선 상식 문답」에서 그 경위를 밝히고 있다.

그 당시 세인들은 저마다 우리말, 국문, 언문, 반절, 조선글, 배달글, 정음 등 다르게 부르고 있었다. 그래서 최남선이 운영하는 조선 광문회에서는 조선의 고유한 문자에 새 이름을 주는 문제를 토의했다. 그때 최남선이 한글이라는 이름을 사용할 것을 제의했다고 한다. 한국의 '한'은 크기와 나라(韓)를 같이 의미한다. 최남선의 제안에 조선 광문회 어문학자들이 동의했다. 한글 학교인 조선어 강습원 원장은 남궁억 선생이고, 선생은 최남선, 주시경이고 최현배는 학생이었다.

육당 최남선과 한글학자 주시경은 8년간 한 집에 살며 숙식하면서 함께 한글 연구를 해왔었다. 그리하여 주시경이 타계한 후 한글모임(조선어 학회) 회장을 맡게 된 최남선은 한글이라는 이름이 널리 보급되도록 전력을 다했다. 최남선은 한글 쓰는 법의 한 일례로 가로쓰기를 창안하여 훗날 발명되는 한글 타자기 원리에 부합되는 선견지명도 있다. ('어린이'와 '한글'이라는 말을 처음 사용한 사람이 최남선이다)

조선 광문회 창립

최남선은 1910년 12월 살림집을 삼각동 굽은다리로 이사하고, 부친 최헌규의 사랑채 2층에 조선 광문회를 창립한다. 최남선은 일제에 의해 약탈, 반출되어 희귀한 고서적이 없어질 것을 우려하여 우리 고전의 문헌을 쉽게 풀어 간행하며 『동국통감』, 『열하일기』 등의 한문 고전도 간행한다.

최남선은 조선 광문회에서 당시의 지성인들과 다양한 문예 활동을 전개했다. 유근, 박은식, 장지연, 이인승, 김교헌, 현채 등과 고전을 간행하고, 주시경, 임규, 권덕규, 김두봉 등과 우리말 사전의 편찬에도 참여했다. 윤치호, 안창호, 옥관빈, 최광옥 등과 청년 학우회를 설립하고, 이광수, 진학문, 심우섭, 이상협 등과 문장보국과 언론 사업을 함께 한다. 유교 관계자들과도 만나 유교를 토론하고, 박한영 승려와 조선의 불교를 토론했다.

육당 최남선은 신익희, 송진우, 김성수, 현상윤, 최린, 김도태 등과 3·1 만세운동을 계획하여 독립 거사를 주도한다. 조선 광문회는 전국의 힌자, 문인, 지식인, 우국지사들의 연락처, 안

식처, 피난처가 되는 총본산이고, 아카데미 역할을 했다. 1919년 3·1 만세운동 당시 박영효, 윤치호, 이상재, 윤용구, 김윤식 등은 민족대표에 참여하지 않았다. 고령이고 수십 차 망명의 고난을 경험했던 박영효는 서명은 안 했지만 최남선, 신익희, 송진우 등에게 기독교, 유교, 천도교, 일본 유학생 세력을 동원하도록 전반적인 코치를 해주었다.

최남선은 밤 중에는 임규의 일본인 부인 고사와의 집에 숨어 독립선언서를 준비하고, 낮에는 동지들에게 연락하는 일을 맡았다. 최남선은 기독교 세력과 연락해 남강 이승훈을 3·1운동에 참여했다. 최남선이 김도태를 평북 정주로 보냈을 때 이승훈은 신민회 사건으로 투옥 생활을 하여 건강이 좋지 않았는데도, 기독교 대표로 참가할 것을 선뜻 쾌락했다. 최남선은 김성수로부터 거사 자금을 받아 남강 이승훈에게 전했다. 그랬더니 기독교 계열은 활기차게 움직였다. 천도교 계열을 제외하고, 3·1 만세운동 거사자금을 제일 많이 낸 사람은 김성수와 육당 최남선이다.

최남선은 민족대표 48인의 한 명이 되고, 독립선언서를 작성했다. 최남선은 신문관에서 직접 독립선언서의 판을 짠다. 최남선은 3월 3일 일제에 체포되어 2년 6개월의 징역을 언도받고, 1921년 10월에 풀려났다. 최남선은 가출옥 후 신문관을 해산하고, 새로 동명사를 창립한다.

『동명』에는 최남선이 3·1 만세운동 이후 민족 운동의 진로를 모색하고, 조선 정체성의 정립을 향한 조선학의 수립에 정진하는 모습도 볼 수 있다. 최남선은 조선인의 자력으로 조선학을 정립할 것을 제창하고 『동명』 제3호로부터 「조선 역사의 강화」를 20회에 걸쳐 연재를 한다.

최남선은 1924년 『시대일보』를 창간하고 사장에 취임하고, 동아일보 편집국장을 지낸 이광수는 부사장이 되었다. 그러나 총독부의 행정적 방해와 자금원의 원천적 봉쇄로 인해 경영 난으로 마지못해 보천교(천도교) 측에 신문사를 내주고, 스스로 부채를 떠안게 되었다.

1926년 최남선, 장길상, 김준연, 안재홍, 조병옥 등은 민족주의 진영과 사회주의 진영과 연합하는 항일 단체로서 신간회의 창립을 주도한다. 최남선은 민족주의 진영의 신석우와 사회주의(공산 진영)의 벽초 홍명희와 연결시켜 신간회 창립을 주도하게 했다. 최남선은 신석우, 홍명희, 2명이 주도하는 것만으로도 신간회는 모든 민족 운동의 구심점이 될 것으로 확신했던 것이다.

그후 제작 운동에 혼신의 정력을 집중하여 『불함문화론(不咸文化論)』, 『심춘순례』, 『단군론, 『아시조선, 『백두산 근참기』, 『백팔번지』, 『삼국유사 해제』, 『시조유취』, 『조선 상식

문답』, 『조선 유람가』, 『한글사전 편찬』 등 소중한 역저들
을 만들었다.

최남선은 1928년 10월, 당시 조선총독부에서 주관하던 조
선사 편수회 위원이 되었다. 최남선은 우리 민족은 백두산을
중심으로 불함문화가 형성되었고, 단군은 신화가 아니라 실
제 역사라고 주장했다. 최남선은 일본인 이나미시가 단군을
조선사에서 없애려고 편년채를 주장한 데 극력 반대하고 별
편에 수록했다.

최남선은 1938년 4월 국립만주건국대학 교수가 되었다. 당
시 건국대학은 일본 군국주의자들이 오족협화(五族協和)를 제
창하여각 민족의 대표가 되는 학자를 교수로 초청하기로 했
다. 그리하여 당초에는 조선의 최남선, 중국의 호적(胡適), 인
도의 간디, 소련의 트로츠키를 초청하게 되어 있었다. 그러나
이것은 성사되지 않았다. 그래서 최남선은 외국 학자와 실력
대결을 해보고, 고조선, 고구려 옛 강토를 돌아보고, 학생들
에게 동방문화론, 만몽문화사(滿蒙文化史) 등을 강의하면서 제
자 강영훈, 민기식에게 조국애와 민족문화를 강의하여 감명
을 주었다.

일제시대 친일 행위는 자진해서 친일하는 것과 생명의 위협
을 받아 강요에 의해 친일하는 것은 구분되어야 한다. 일제는

최남선 한 명만 잡아들이면 조선의 지식인 10만 명을 잡아들이는 효과가 있다고 단정했다. 지도급 인사들이 일제에 협력 안 하면 예비 검속, 불경죄, 치안유지법으로 연행하여 혹독한 탄압을 하는 것이었다.

1943년 12월, 최남선은 강요에 의해 일본 동경에 건너가 당시 조선인 유학생들에게 학병을 권유하는 강연을 했다.

"여러분 나를 보려면 일본에 오면 되는 것입니다"라고 시작하여 "우리 민족은 백두산을 중심으로 불함문화가 형성되어 발전해 왔습니다. 단군은 신화가 아니라 실제 역사입니다. 동조동근론에서 일본에는 가야, 신라, 백제, 고려, 조선에서 건너온 조선 사람들이 많습니다. 일본의 주류 세력들의 조상들은 거의 다 본래는 조선인 입니다."

일제시대 최남선이 동조동근론을 주장할 때는 비난을 받았지만 전혀 근거 없는 주장은 아니다. 실제로 2차 대전 당시 일본 외상이던 도고 시게모리(박무덕)도 본래는 조선인이다. 제2대 주한 일본대사 가나야마(김산전영)도 그의 조모가 한국인이다. 다께시다 전 일본수상도 그의 조상이 조선 사람이라고 했다. 일본 아끼히도 천황이 말하기를 "일본 간무텐노 천황의 생모가 백제 25대 무령왕의 후손이다"라고 증언했다. 최남선은 조선인 유학생들에게 마찬가지로 "징병 문제에서 자네들은 나가야 한다. 더군다나 징병과 다르게 학병은 군대의 간부로서 훈련한다고 하니 좋은 기회이다. 제국주의자들이 식민지 사람들에게 그러한 군대 양성의 기회를 주지 않는 것인데, 그들이 전쟁으로 다급해서 조선 청년들에게 군대의 장교가 될 기회를 주겠다는 것은 받아들여야 한다. 군사 문제는 모든 것이 기술이니 이 기술을 배워야 한다. 아무리 우리에게 시기가 온다 해도 군사 지식은 곧 배울 수가 없는 것이다. 자네들이 학병에 나가게 되면 전쟁에서 희생되는 사람도 있을 것이다. 자네들이 살아 돌아와 훗날 조국의 국방을 위해 활용하기를 바란다"고 말했다.

최남선의 학병에 관한 강연을 들었던 강영훈, 민기식, 장준하, 임원택, 김붕구, 신상초 등은 이 강연을 가지고 친일파로 단정해서는 안 된다고 증언했다. (그러나 후세에도 최남선은 친일했다는 비판을 받을 것이다) 그 이후에도 최남선은 한국 역사와 문화에 관해 많은 글을 쓴다.

8·15 해방

1945년 8·15 해방이 되고, 9월 8일 미군이 인천에 상륙하고, 미군정이 실시되었다.

대한민국 건국 이후 1949년 2월 반민특위에서는 최남선,

정춘수, 박희도, 최린, 이광수, 김연수, 배정자, 이성근, 조병상 등 일제에 협력했던 600여 명을 연행하여 구속했다. 최남선은 자열서(自列書)를 특별 재판부에 제출하고 일개월만에 보석으로 석방되었다.

사업가 김연수는 제일 먼저 풀려났다. 그 이후에도 최남선은 역사사전 집필과 강의 활동을 해왔다.

최남선은 해방되기 1년 전인 1944년 서울 사람들을 전쟁으로 인해 시골로 소개한다고 하여 서울 양사골(종로6가 충신동)에서 우이동으로 이사를 했다.

1950년 6·25 남침전쟁이 일어나자 최남선은 우이동 산골의 아는 사람 집에 피신했다. 그러나 정인보, 이광수는 북한으로 납치되었다. 1951년 1·4 후퇴 후 중공군이 남하하여 우이동에서 유엔군과 중공군 사이에 전투가 벌어졌다. 최남선이 평생을 두고 모은 문화재급 중요한 서적을 포함하여 20여 만권의 장서가 불에 타서 없어졌다. 전쟁 이후 모은 4만 5천여 권은 고려대학교에 희사했다.

최남선은 부인 현영채(玄永埰) 씨와 결혼했다. 장남 최한인은 이선영과 결혼하여 형제를 두었다. 차남 최환웅은 이무희와 결혼하여 4남 3녀를 두었다. 3남 최한검은 이영자와 결혼했다.

장녀 최환옥은 의사 강건하와 결혼했다. 6·25 남침전쟁 때 최남선의 아들 3명이 없어졌다가 장남 최한인(의사)은 1954년 타계하고 차남 최환웅(의사)은 서울의대 소아과 과장을 지냈다. 3남 최한검(동경제국대학 출신)은 납북되었다.

최남선의 동생 각천(覺泉) 최두선(崔斗善)은 25세에 중앙중학 교장, 경성방직사장, 동아일보 사장, 민주국민당 고문, 국제 적십자 총재, 국무총리를 역임했다.

최남선은 1957년 천주교를 믿고, 그해 10월 10일 서울 종로구 묘동 자택에서 생애를 마쳤다. 서울 명동 성당에서 의식을 거행하고 경기도 양주군 노해면 온수리(현재 서울 노원구 온수동)에 안장되었다. 그후 경기도 용인으로 이장했다.

1957년 10월 10일, 육당 최남선 선생이 68세로 파란만장한 생애를 마치자 『사상계』에서는 다음과 같은 헌정사(獻呈辭)를 실었다.

"사상계 편집 위원회는 뜻을 문화의 소장(消長)과 민족의 명운(命運)에 두는 모든 인사들과 더불어 충성으로 고(故) 육당 최남선 선생을 애도하고, 그 훌륭한 인격과 생전에 남기신 업적의 위대성을 명감(銘感)하여 이를 영세에 전하고자 선생이 서거하신 이해 1957년 송년호를 육당 기념호로 삼아 재천(在天)의 영전에 드리나이다(단기 4290년(1957년) 12월 1일 발행 『사상계』)."

그리고 이어서 사상계 사상 장준하(張俊河)의 권두언이 있다.

"(전략) 육당 최남선 선생은 이 민족이 가장 암담한 절망의 골짜기에 처해 있을 때에도, 항상 우리와 더불어 있었고, 우리의 가장 친근한 벗이요, 경애하는 겨레의 스승이었다. 그분으로 인하여 민족의 생명은 싹을 부지하고, 겨레는 위안을 받고, 희망을 갖추어 광복에 이른 것은 만인(萬人)이 다 아는 사실이다. 한때 선생의 지조에 대한 세간의 오해도 없지 않았다. 그러나 육당 선생의 본의가 어디까지나 이 민족의 운명과 이 나라 문화의 소장(消長)에 있었음은 오늘날 이미 사실로서 밝혀진 바요, 향간에 떠도는 요동부녀(妖童浮女)들의 억설과는 전연 그 체를 달리 하는 것이다. 사람을 사(赦)하는 법이 없고, 인재를 자기 눈동자 같이 아낄 줄도 모르고, 사물을 널리 생각하지 못하는 옳지 못한 풍조 때문에, 우리는 해방된 후에도 육당 선생에게 영광을 돌린 일이 없고, 그 노고를 치하한 일도 없었을 뿐만 아니라 도리어 욕된 일이 적지 아니했다. 이것은 실로 온 민족의 이름으로 부끄러워 해야 할 것이다. (하략)"

일제시대 한국 지식인을 규찰하고, 조사하던 아이바 기요시의 극비 보고서를 인용해 보기로 한다.

"(전략) 조선인의 일본 민족관은 기탄 없이 말한다면 일본 민족은 이미 발전의 막바지에 도달하여 이제는 내리막길에 서있다. 앞으로 다가올 동아 민족의 지도자는 일본 민족이 아니고 한민족(漢民

族)도 아니며 당연히 조선 민족의 머리 위에 내려질 것이다. 때문에 조선 민족이 오늘날 서둘러야 할 일은 일본 민족이 아직 크게 몰락하기 전에 가능한 한 일본의 문화, 기술, 부력을 착취함에 황국신민(皇國臣民)을 가장하여 이룩토록 하고, 단순, 천박한 일본 민족의 환심(歡心)을 사면서 미구(未久)에 다가올 시대에 처한 조선 민족의 부강한 터전으로 만들어 두지 않으면 안 된다는 것이다. (하략)"

여기에서 아이바가 지적하고 있는 것은 조선인이 구체적으로 육당이라 단정한 것이라고 할 수는 없지만 그 안에 육당 최남선이 포함되어 있다는 것만은 분명하다.

내가 아는 육당 최남선

우리들이 어디로 보나 조선 사람이라는 것은 어쩔 수 없는 엄연한 사실이다. 일본인이나 조선 사람들 중에도 '동조동근'이니 '내선일체'니 하여 그 엄연한 사실을 왜곡, 강변하는 사람들이 있지만 그것은 잘못된 일이다. 그대들은 조선인이라는 사실을 언제 어디서나 잊지 말기를 바란다. 육당 선생은 낙관적 생활 태도를 견지하면서, 주어진 기회를 어떤 것이든 최대한으로 우리 민족의 장래를 위해 활용하고자 하는 자세를 지니셨다. 육당 선생은 철두철미한 민족정신의 고취자였으며, 애국애족의 지사였다. 나는 육당 선생의 진의가 반드시 이해되는 날이 올 것을 믿는다.

정인보

한학자이고 국학대학 설립자이고, 초대 감찰위원장을 자낸 위당(爲堂) 정인보(鄭寅普) 선생은 1893년 서울에서 부친 정은조(鄭誾朝) 선생과 모친 서씨(徐氏)부인의 독자로 출생했다.

정인보 선생의 본관은 연일이다. 영의정을 지낸 경산공(經山公) 정원용(鄭元容) 선생의 4대손이 정인보 선생이다. 영상 정원용은 1783년생으로 1802년 과거 문과에 급제한 후 1837년 예조판서, 1848년 영의정, 1862년 삼정이정청(三政釐整廳) 총재관을 지냈다. 철종 임종 직후 원상(院相) 자격으로 고종 즉위 전까지 국정의 책임자 역할을 했다. 강화도에서 나무를 하던 17세의 나무꾼 소년을 찾아가서 한성(서울)으로 모셔다가 국왕으로 추대하는 일을 맡았던 고관이 바로 정원용 선생이다. 강화도령으로 널리 알려진 나무꾼 소년이 훗날 조선의 제25대 국왕이 된 철종이다. 정원용은 5명의 국왕을 모시면서 30여 년의 재상부(宰相府)에 있으면서 어느 정도 재산을 모으기도 했으나 강직하고, 청렴결백한 사람이었다. 그러나 그 부귀영화는 4대 손인 정인보의 대까지 내려오지 않았다.

이른바 몰락한 명문가였다. 집안은 가난하고 직계자손이 없었다. 자칫하면 가계마저 이어 나가지 못할 지경이었다.

정원용에게는 정기세(鄭基世), 정기년(鄭基年)의 아들 2명이 있었다. 정기세는 관직을 이용하여 치부를 하고, 동생 정기년은 자주 술을 들고는 했다.

정기년에게는 정묵조(鄭默朝), 정신조(鄭信朝), 정은조(鄭誾朝)의 3명의 아들이 있었다. 정기년은 잠시 관직 생활을 하고, 술과 함께 살아서 재산도 거의 없고, 50이라는 젊은 나이에 3명의 아들을 두고 세상을 떠났다. 정기년이 타계하고, 다음 해인 1866년 정묵조, 정신조 2명의 아들이 동시에 숨을 거두었다.

그리하여 정은조는 11세의 어린 나이에 갑자기 막내에서 청상과부가 된 두 형수를 책임지고, 가문을 승계해야 한다는 큰 책무가 주어졌다. 정은조는 부지런히 두 형수를 모시고,

그의 아내와 함께한 평생을 살아야만 했다. 형수 2명과 아내와 함께 사는 일도 쉽지 않았겠지만 정은조에게는 아들이 없는 것이 큰 고민이었다. 이러한 실정에서 정인보가 간신히 태어나서 대를 이어가게 된 것이다.

정인보가 태어날 때 그의 부친 정은조는 38세, 그의 모친 서씨 부인은 40세였다.

정은조는 호조참판을 지냈지만, 청백리여서 어머니 서씨 부인은 자수와 삯바느질로 가족의 생계를 근근히 꾸려 나가야만 했다. 정인보는 말하자면 유명한 가문이고, 가난한 집안에서 가계승계의 숙명을 지니고, 독자로 태어난 것이다.

정인보의 이러한 숙명은 출생하자 즉시 현실로 드러났다. 생모 서씨 부인이 정인보를 출산하자 곧바로 큰어머니 이씨 부인의 방으로 넘겨졌다. 가문의 승계를 중요시하는 집안에서는 정인보를 백부 정묵조의 호적에 올려놓고, 백모 이씨 부인의 양자로 삼았던 것이다.

그리하여 정인보에게는 출생과 동시에 생모(生母)와 양모(養母) 2명의 어머니를 동시에 모셔야 할 숙명이 만들어진 것이었다. 그후 정인보는 (백모)의 슬하에서 유모의 손으로 키워졌다. 한 집안에서 한 명의 시동생이 2명의 형수를 모시고 사는 장면도 그랬지만, 한 아이가 한 집안에서 2명의 어머니를 모시고 사는 모습도 보기 드문 현상이었다. 그래도 정인보는 그렇게 살아왔고, 한 평생 2명의 어머니를 모시고 보살펴 드렸다. 훗날 정인보는 '생모는 높고, 양모(백모)는 컸다'라고 회상했다. 조숙하고 온순하고 침착한 소년 정인보는 어른들의 기대에 맞게 순조로운 성장을 했다.

그런데 이런 일이 있었다. 정인보의 집 안에 있던 족보가 없어지게 되었다. 족보는 여러 권으로 상세하게 만들어진 것이 있고, 간편하게 핵심 내용만 적혀 있는 족보가 있다. 그리고 부채처럼 접었다 펼수 있고, 수첩 크기만한 족보는 일명 '가승'이라고도 불리운다. 하여간 소년 정인보는 간단하게 만든 족보에 나오는 내용을 모조리 기억하고 있어 주위 사람들을 깜짝 놀라게 했다. 정인보의 사진 같은 기억력은 족보를 새로 만드는 데 큰 도움이 되었다. 한문도 한번 보거나 들으면 잊어버리지 않아서 천재 소년으로 알려지게 되었다.

1905년, 정인보는 동갑 연령의 소녀와 결혼을 했다.

그 당시 조선에는 당대를 대표하는 이건방, 이건승, 홍승헌, 안효제 등 4명의 양명학자들이 있었다. 이건승, 홍승헌, 안효제는 만주 간도로 망명하기도 하고, 이건방은 정인보를 지도하기로 했다. 이건승은 자신과 절친했던 서병수의 외조카 정인보를 사촌동생 이건방에게 맡아줄 것을 당부했다. 40세의 이건방은 개성에서 한성(서울)으로 돌아오자마자 18세의 정인보를 불러 그를 자신의 제자로 삼았다. 이건방이 타계하던 1939년까지 거의 30년간 따듯한 사제 관계로 지냈다.

1913년 3월, 정인보는 중국 망명길에 올랐다. 정인보는 북경에서 양명학을 공부하고, 박은식, 홍명희, 문일평, 신채호 등과 함께 상해에서 동제회(同濟會)를 조직하여 항일투쟁에 참가했다. 그러던중 1913년 11월, 만주 안동역 근방의 한 여관 앞에서 우연히 정인보는 이광수를 만나게 되었다. 정인보는 국내로 들어가서 가족들을 만나려 했고, 오산학교 교원이던 이광수는 중국 상해로 가려 하고 있었다. 그때 이광수는 겨우 70전만 갖고 있어 교통비, 여관비, 식사비 등 걱정이 되어 정인보에게 사정을 하자 그는 이광수에게 선뜻 20원을 주었다. 이에 앞서 정인보는 혼자가 된 외숙모가 서간도에서 유복자를 낳는다는 소식을 들은 어머니는 "산후를 돌봐 주어야 한다"면서 간도로 함께 가자고 하여 중국으로 갔다.

그런데 정인보가 8개월만에 서울에 있는 집에 돌아와보니 그의 아내는 아이를 낳은 지 6일 만에 생애를 마쳤다는 것이었다. 전처가 타계하고 나서 2개월이 지난 후 정인보는 조씨 부인과 재혼했다. 정인보는 후사가 없는 큰집의 양자로 입양되기까지 했던 실정이었다. 무엇보다 시급한 집안의 대사는 가계를 이어가는 것이었다. 재혼하고 나서 6개월 후 정인보의 가족은 선대 고향인 충청북도 진천(鎭川)으로 내려갔다. 정인보는 진천에서 독서와 농삿일을 하면서 거의 10년을 보냈다. 진천에 있는 동안 생모 서씨 부인과 양모 이씨 부인도 세상을 떠났다. 그리고 1923년 정인보는 다시 경성(서울)으로 돌아왔다.

육당 최남선은 정인보가 동아일보와 연희전문학교에서 일하도록 주선해 주었다. 최남선은 선교사 언더우드와 절친하여 정인보가 연희전문학교 교수가 되어 국학을 연구하도록 도와주었다. 1923년 30세의 정인보는 최남선의 추천으로 연희전문학교 교수로 발령을 받은 것이었다. 그후 10여 년이 그의 학자적 재능을 마음껏 발휘했던 전성기였다. 외국인이 설립한 학교, 외국인(미국인)이 교장으로 있는 연희전문학교와 한학자 정인보와는 얼핏보면 어울리지 않는 것 같기도 하다. 연희전문의 분위기와 정인보의 학풍은 전혀 어울리지 않는 것으로 보는 학자들도 있었다. 하여튼 정인보는 연희전문학교에서 강의를 시작했고, 연희전문학교는 정인보의 정성과 실력으로 인해 서양학뿐 아니라 한학, 국학 분야에서도 확고부동한 반석의 지위를 차지하게 된 것이다. 정인보는 일찍기 20대 때부터 한학자로서 세인들에게 알려지게 되었다.

육당 최남선은 "위당(정인보)은 나보다 한학에 관해서는 더 상세하게 알고 있다"고 칭찬했다. 춘원 이광수도 "한학에 조예가 깊은 정인보를 흠모하고 있었다"고 회고했다.

정인보 선생은 연희전문학교 학생들에게 『사기(史記)』와 『자치통감(資治通鑑)』으로 한문과 한민족의 역사를 강의하고, 『대학(大學)』과 『중용(中庸)』으로 사라져가는 유학의 학풍을 다시 일으켜 세우려고 했다. 특히 정인보는 실학과 양명학 분야에 관해 집중적으로 연구했다. 조선시대 이익(李瀷)과 정약용(丁若鏞)에 관한 서적의 교열에서 해제까지 붙여 원전들을 출판했고, 이들의 사상을 조선학의 기점으로 정하기도 했다.

1933년 동아일보에 양명학 연론(陽明學演論)을 연재하며, 조선이 식민지 상황을 극복할 수 있는 정신적 기반은 양명학의 지행합일(知行合一)에서 찾아야 한다고 정인보는 강조했다.

이어 정인보는 1935년 1월 1일부터 1936년 8월 25일까지 동아일보에 「5천년간 조선의 얼」을 연재했다. 1936년 8월 25일, 동아일보가 손기정 선수 일장기 말소 사건으로 정간 처분을 받지만 않았어도 정인보의 글은 계속 연재되었을 것이다. 이 사건으로 동아일보는 정간 처분이 되어 10개월간 신문을 내지 못해 힘이 빠진 정인보도 더 이상 신문에 연재하는 글을 진척시키지 못했다.

동아일보가 속간될 무렵 중일전쟁이 일어나고, 일제는 일본과 조선을 전시체제로 전환시켜 정인보는 지속적으로 학문 활동을 하기가 더욱 어려웠다. 항일투사에 관한 탄압이 더욱 극심해지고, 수많은 지도급 인사들이 마지못해 일제의 앞잡이로 변절하던 것도 바로 이 시기였다. 단군을 받드는 대종교 교인이고, 국내 항일 비밀 결사요원이고, 연희전문학교 교수인 위당 정인보도 일제의 감시 대상 인물이었다.

1937년 6월 이른바 수양 동우회 사건으로 수많은 연희전문학교 교수들이 체포되고, 이 사건을 계기로 조선학 강의는 없어지고 모든 학교 강의는 일본어로만 진행되었다. 정인보는 학교 강의도 그만두고, 일제의 위협에도 굴복하지 않고 비타협적으로 시종일관했다. 1930년대 후반에 들어 모든 사회활동을 중단했던 정인보는 수동적인 자세이지만 일제에 협력한 뜻이 없다는 것을 분명히 했다. 정인보는 피신을 하고, 전북 익산의 아는 사람 집에서 은둔생활을 했다.

정인보가 연희전문학교 교수 시절 그의 연하의 동료 교수로는 조병옥, 백낙준, 고병국, 백남운, 최현배, 정광현 교수 등이 있다.

정인보 선생의 연희전문학교 제자로는 정일형(전 외무장관, 8선 국회의원), 갈홍기(전 공보처장), 한표욱(전 영국대사) 등이 있다.

8·15 해방

1945년 8·15 해방이 되자 일제시대 친일하지 않은 지조있는 학자로서, 정인보 선생은 존경받는 저명한 인사가 되었다. 정인보 선생에게 수많은 지위가 주어진 것은 너무나도 당연했다.

정인보 선생은 남조선 민주의원, 대한독립촉성국민회 부위원장, 조선문필가협회 회장, 국학대학 학장, 감찰위원장 등을 역임하고 초대 문교장관 후보로 물망에 오르기도 했다.

8·15 해방 이후 신흥대학교는 이시영(李始榮) 선생이 설립하고, 국민대학교는 신익희 선생이 설립하고, 국학대학은 정인보 선생이 설립하고, 덕성여자대학교는 차마리아 선생이 설립하고, 성신여자대학교는 이숙종 선생이 설립하고, 단국대학교는 장도빈 선생이 설립하고, 동덕여자대학교는 조동식 선생이 설립하고, 상명여자대학교는 배상명 선생이 설립했다.

정릉에 있는 국민대학교는 신익희 선생이 설립하고, 초대 학장이 되었다. 훗날 국학대학과 명륜동에 있는 우석대학(수도의과대학)이 합해져서 현재 고려대학교 의과대학이 되었다.

이시영 선생의 여동생 이영희는 신익희 선생의 형수이다. 초대 부통령 성재 이시영 선생의 따님이 정인보 선생의 외숙모이다. 이승만과 이시영은 문교장관 인선 문제로 논쟁을 한 적이 있다. 이시영은 초대 문교장관으로 가장 적격자는 정인보라고 했다. 그러나 이승만 박사는 독일 박사이고, 보성전문학교 교수이고 시인 모윤숙의 남편인 안호상(安浩相)을 문교장관으로 임명했던 것이다.

1948년 8·15 대한민국이 건국되고, 정인보는 초대 감찰위원장이 되어 적극적인 활동을 했다. 그러나 이승만 정권을 감찰한다는 것은 그의 적성과 맞지 않아 오래 가지는 못했다. 상공부, 농림부를 감찰하던 과정에서 상공장관 독직 사건으로 임영신 장관을 몰아내고, 농림장관 관사 건물수리 유용사건으로 조봉암 장관을 그만두게 했다.

1950년 5·30 제2대 국회의원 당시 경제, 문화의 제1번지인 서울 중구 지역에서는 정일형, 백인제, 최동오, 문봉제, 김현 등이 출마했다. 백인제 박사는 유명한 외과의사이고, 재력도 있고, 최동오는 임시정부 요인이고 문봉제는 서북청년단이라는 큰 세력을 갖고 있었고, 김현은 말재간이 있는 준여당편의 청년이었다. 서울 중구 지역에는 서울, 경기도, 충청도의 중부권 사람과 이북에서 내려온 평안도, 함경도 사람과의 사이에 일본 사람이 남기고 간 적산(귀속재산)을 가지고 오랜기간 동안 싸우고 있었다.

그때 정일형은 목사이고 전문학교 교수이고 미국 박사이지만, 서울 중구 지역에 기반도 없고, 유권자들에게 알려진 사람도 아니고, 중부권 사람들이 특히 이북에서 내려온 사람들을 좋지 않게 보는 경향이 있었다. 이처럼 정일형 후보가 고군분투하게 되자 의외로 황금정 정씨 할머니와 정인보 선생이 적극적으로 도와주었다. 을지로(3가에서 5가)를 황금정이라고 했다.

하동 정씨 할머니는 대원군 시대 여성이고, 서울에서만 20대를 살아온 서울 토박이이고 전형적인 조선 양반댁의 마나님이었다. 을지로 5가에서 크게 자동차 수리업을 하는 경성 서비스 정무묵 사장의 대고모 할머니였다. 하동 정씨 할머니는 "정일형 씨는 참 인상이 좋은 귀공자형이다. 정일형 씨는 이북 사람 같지 않고 충청도 사람 같다"면서 적극적으로 도와주라고 일가친척, 아는 사람들을 동원하여 지원해 주었다. 사실 정일형은 조부 때 진남포 앞 제도에서 살았고, 그전에는 조상 대대로 충남 논산에서 살아왔다.

정인보 선생은 창조 연사로 나섰다. "국회의원 후보 정일형 군은 나의 연희전문학교 제자인데 성실하고 정직한 사람이다. 항일투쟁도 하고, 몇 명 안되는 미국 박사이고 영어도 잘한다. 지금은 미국 사람 세상이니 영어 잘하는 정일형 후보가 정계에서 꼭 필요한 인물이다. 국내에서 항일투쟁한 사람들이 국외에서 항일투쟁한 사람보다 마음고생을 더했다. 정일형 후보는 모든 것을 내가 보증한다."

정인보 선생이 지원 유세를 하게 되자 약전고투하던 분위기
가 극적으로 역전되어 결국 정일형 후보는 예상을 뒤엎고 국
회의원에 당선되었다.

정인보 선생은 삼일절 노래, 재헌절 노래의 가사를 지은 작
사가로 유명하다. 「자모사(慈母思)」를 비롯하여 수백 편에 이르
는 시조를 지은 문인이고, 한학자이고, 양명학자이고, 역사학
자이기도 했다. 정인보 선생은 동아일보에 연재했던 「5천년간
조선의 얼」을 8·15 해방 후 『조선사 연구』라는 제목으로 간
행했다. 『조선사 연구』를 저술하게 된 동기에 관해 다음과 같
이 말하고 있다.

"나는 본래 역사 연구하는 사람이 아니다. 어렸을 때 어른들께서
늘 말씀하시기를 우리나라 역사책을 잘 봐 두어라 남의 것을 공부
하면서 내 것을 잘 모르더라고 했건만 다른 일에 정신을 팔려 많은
세월을 써버렸다. 그러다가 어느 해인가 일본인들이 만든 『조선고적
도보(朝鮮古蹟圖譜)』라는 책을 보게 되었다. 그 책 3페이지를 넘기니
벌써 분노의 마음과 함께 '이것을 그냥 내버려 둘 수가 없구나' 하
는 생각이 들었다. 일본 학자의 조선사에 대한 고증이 총독부 정책
과 얼마나 긴밀한 관계가 있는가를 더욱 깊이 알게 되었다. 나는 그
때 이렇게 작정했다. 언제인가 학문적으로 모조리 부셔 버리리라."

정인보 선생은 이렇게 말했다.

"어떤 것은 영국의 이론이요, 어떤 것은 독일의 이론이요, 어떤 것은 러시아의 이론이다. 이들 이론들이 맞서 병존하고 있다. 정교한 이론을 펼친다는 학자들의 표준이 여기에 맞춰져 있다고는 하지만 대개 그 언설을 그대로 옮겨가는 것일 뿐이며, 실심(實心)에 비춰 맞고 틀림을 생각하지 않는다. 현재를 과거와 비교하면 과연 좋아졌다고 할 수 있을까 말이다."

1950년 6·25 남침전쟁이 일어나자 정인보 선생은 피난을 하지 못해 반동그룹으로 몰려 납치되고 말았다. 관계자들은 정인보 선생이 개성으로 가는 도중 낙오했고, 아사(餓死) 직전 구출되었다고 증언하고 있다. 그리고 구출되고 나서 10월 24일경 건강이 좋지 못해 병사했다고 본다.

정인보 선생이 6·25 남침전쟁 당시 납북되고 나서 그의 집은 농림장관과 국회부의장을 지낸 임철호(任哲鎬)가 차지하여 정인보 선생의 가족들을 더욱 어려운 생활을 하게 되었다. 무소속이고 서울 동대문 갑구 지역 국회의원 민관식(閔寬植) 의원이 정의감을 갖고, 임철호 농림장관 탄핵안을 제출한 적도 있다.

정인보 선생의 장녀 정정완(鄭貞婉)은 수예가이고 차녀 정경

완(鄭庚婉)은 홍명희의 자부(子婦)가 되어 월북했다. 삼녀 정양완은 정신문화원 교수를 지냈다. 장남 정연모는 파주여자상업학교 국어교사를 지냈고, 차남 정상모는 서울 성동경찰서장을 지냈고, 막내아들 정양모는 국립박물관장을 지냈다.

이광수

한국의 대수재이고 개화 선각자이고 대문장가인 춘원(春園) 이광수(李光洙) 선생은 1891년 평안북도 정주에서 출생했다.

정주, 오산은 인재들이 많이 배출되는 지방이다. 춘원 이광수, 백병원을 만든 백인제 박사 등도 정주 출신이다.

유년 시절 이광수는 한미한 가정에서 태어나서 일찍 부모님이 세상을 떠나서 이광수는 여동생과 친척, 친지, 동네 사람들의 집의 전진하며 동가식서가숙을 하고 지냈다.

이광수는 20세가 되기 전 10대 때 동네 백씨 여인(백혜련)과 결혼해 살다가 헤어졌다. 이광수는 오산학교를 졸업하고 오산학교 교원이 되었다. 오산학교는 3·1 만세운동 당시 33인 중 한 분이신 기독교 대표 남강 이승훈(李昇薰) 선생이 설립한 학교이다.

이광수는 일본에 유학하여 와세다(조도전)대학에 재학중이었고, 『매일신보』에 『유정』이란 소설을 연재하고 있었다. 그때 이광수는 영양실조와 폐결핵 등으로 위독한 지경이었으나, 병원비도 없고, 보증 서줄 사람도 없었다. 그런데 그 병원에는 동경여자의학전문학교를 졸업하고, 인턴, 레지던트 과정을 거쳐 의사 견습생으로 있는 한국인 허영숙(許英肅) 씨가 있었다. 허영숙 씨는 정성을 다해 극진하게 치료하여 춘원 이광수는 간신히 건강이 회복되었다. 허영숙 씨는 병원비도 대주고, 신원 보증도 하여 뒤처리를 잘 해주었다. 그후에도 허영숙 씨는 이광수 씨를 측은하게 생각하여 여러가지로 도와주고, 사랑하는 관계가 되어 결혼을 하게 되었다.

일본 유학 당시 이광수는 김성수 등 부유한 사람들의 경제적 지원을 받았다.

1919년 2월 8일 일본에 있는 한국 유학생들이 동경에 있는 YMCA(기독교 청년회관)에서 2·8 독립선언을 발표했다. 독립선언 작성자는 춘원 이광수였다. 시위 주동자는 이광수, 김도연, 백관수, 송계백, 최근우, 최팔용, 이종근 등이 있다. 이광수는 와세다대학 졸업을 1년 앞두고 중국으로 망명하여 상해 임시정부에서 하는 삼일신문의 주필이 되었다. 이광수는 미국 유학을 하려 했으나 여건이 조성되지 않았다. 만약 미국으로 가서 해방되어 돌아왔더라면 유명한 애국지사가 되었을 것이다.

그때 허영숙 씨는 국내에서 부모 몰래 만주를 거쳐 중국 상해로 들어가서 이광수를 설득하여 두 사람은 국내로 돌아왔다. 허영숙 씨는 1918년 조선총독부에서 실시한 의사 시험에 합격하여 효자동에 허영숙 산원(산부인과 병원)을 운영했다.

이광수는 장남 이봉근이 유아기에 타계하자 한때 명산대천으로 돌아다니고, 불교를 열심히 믿었다. 부인 허영숙 씨는 산부인과 병원을 운영하며 가장이 되어 이영근, 이정란, 이정화 3남매를 양육했다.

이광수는 후배 문인 모윤숙(시인), 이선희(소설가), 최정희(소설가) 등과 자주 만났다. 특히 이광수는 원산에 사는 모윤숙의 집을 찾아가기도 했다. 이광수와 모윤숙은 부전고원을 함께 넘었다. 그 이광수는 태산준령에서 구름을 보면서 모윤숙 시인에게 영운(嶺雲)이라는 아호를 지어 주었다. 모윤숙 시인이 지은 「렌의 애가」를 보면 후배 모윤숙 씨가 이광수 선배를 연모하고 존경한 내용이 잘 표현되어 있다.

이광수는 세금정 별장에서 『무정』, 『유정』, 『무명』, 『이순신』, 『이차돈』, 『단종 애사』 등 수많은 작품을 집필했다. 그후 삼중당 출판사에서 이광수 전집이 나오기도 했다. 이광수는 수양동우회 사건으로 조사를 받고 그후 일제 말기 마지못해 창씨개명, 친일 강연도 했다.

8·15 해방

1945년 8·15 해방이 되고 나서 민족 반역자를 처벌하자는 반민특위가 구성되었다. 반민특위 위원장에는 김상덕, 부위원장에는 김상돈이 내정되었다.

최남선, 이광수도 친일행위를 했다고 조사를 받았다. 반민특위에서 하는 특경대에서 수도청 수사과장 노덕술, 사찰과장 최운하를 연행하여 구속했다. 경찰들이 노덕술 구속에는 가만히 있었으나 사찰과장 최운하 구속에는 반대하여 들고 일어났다. 최운하(崔雲霞)는 그 자신도 어려웠지만 사재를 털어 부하들을 도와주고, 6·25 전쟁 당시 이시영 부통령이 한강교를 건널 수 있도록 도와드리고, 그는 폭사해서 희생되었다. 경찰들은 최운하더러 친일했다고 하면 "그 정도 친일은 모두 다 했다"고 주장했다. 그래서 경찰에서는 특경대를 때려 부수었다.

이승만 대통령도 경찰, 검찰, 헌병사령부, 특무대가 있는데 특경대는 조사, 구타, 고문할 권한이 없고, 불법단체라는 것이어서 해산시키라고 했다. 반민특위 부위원장 김상돈도 일제시대 때 통대, 동회장을 하고. 조사위원들도 일제에 협력한 사람들도 있었다.

결국 반민특위 조사는 유야무야 끝나고 말았다. 이승만 대통령의 주장대로 악질 몇 명은 처단하고 600여 명을 조사하고 처벌했으면 되는 것이었다.

춘원 이광수는 세검정 별장에서 자고 일어나 효자동 허영숙 산원에 가서 식사를 하고 세검정으로 돌아가곤 했다. 어느 날 이광수는 돗자리를 들고 청운동에 사는 정일형 씨(8선 국회의원) 마당으로 들어선 후 돗자리를 펴고 갑자기 정일형 씨에게 절을 하려는 것이었다. 얼떨결에 15세 연하의 정일형 씨는 맞절을 했다. 이광수 씨는 정일형 씨에게 "나는 일본이 이렇게 빨리 폭삭 패망할 줄 몰랐습니다. 알았다면 더 견디어 보는 건데요"라고 말했다.

이광수는 효자동 집에서 납치되어 갈 때 뒤도 안 돌아보고 갔다. 6·25 남침전쟁이 일어나고 유엔군과 국군의 진격으로 북한에 들어갔을 때 김일성 일당은 만포진으로 피신했다. 이광수, 김규식도 만포진으로 갔다. 김일성이 이광수에게 협력을 요청하자 이광수는 둘러대며 거절했다고 한다. "나는 친일을 하여 국민들이 내 말을 믿으려 하지 않는다. 그래서 동조하지 않겠다"고 협조하지 않아 나물 캐 먹다가 병사했다고 한다.

허영숙 씨는 그의 아들 이영근을 후배 의사가 있는 마포 집에 숨겨두어 살아났다. 이광수의 아들 이영근은 미국에서 물리학 박사가 되고, 장녀 이정란은 불문학 박사, 차녀 이정화는 생화학 박사가 되었다.

이광수의 부인 허영숙 여사는 자유당 정권 말기 명륜동에서 친척 한학자 허비 선생 옆집에 와서 정신적으로 의지하며 살았다.

그후 세운상가, 마포에서 살았다. 말년에는 천주교 신자가 되고, 경기도 양주군 주내면 천주교 공원에서 영면하고 있다. 허영숙 선생은 3남매에게 아버지(이광수)를 잊지 말라고 했다.

김준연

세계적인 법학자이고, 항일 애국지사이고, 대한민국 건국의 원훈(元勳)이신 낭산(朗山) 김준연(金俊淵) 선생은 1895년 음력 3월 14일, 전라남도 영암군 영암면 교동리 187번지에서 부친 김상경(金相逕) 씨와 모친 한예방(韓禮方) 씨의 장남으로 출생했다.

김준연 선생의 본관은 김해(金海)이다. 가야국 김수로왕의 후손이다. 전라남도 영암군에 있는 월출산을 고려시대에는 낭산(朗山)이라고도 하여 김준연 선생은 그의 아호를 낭산이라고 했다.

백제 문화를 일본에 전수한 왕인 박사와 풍수지리설을 주창하고 고려 건국을 예언한 도선 국사와 대한민국 건국의 원훈 낭산 김준연 선생을 전남 영암 출신의 3대 인물로서 추앙을 받고 있다.

1910년 김준연은 전라남도 영암보통학교를 졸업하고 전국 최고의 명문학교인 한성학교(경기고교)에 입학했다. 시골 소년 김준연의 한성학교 합격은 그의 생애에 일대 새로운 전기를 마련했다. (1910년, 한일합방이 되고 나서 관립 한성학교는 공립 경성제일고등보통학교로 개명되었다)

1914년 김준연은 경성제일고보(경기고보의 전신)를 졸업하고, 일본 강산(오까야마) 제6고등학교(대학 예과 과정) 독법과(독일어 법과)를 졸업했다. 김준연의 강산(오까야마) 제6고등학교 후배로는 서울대학교 총장을 지낸 윤일선(尹日善) 박사, 성균관대학교 총장을 지낸 조광하(趙廣河) 박사 등이 있다.

그해 1917년 김준연은 동양 최고의 명문학교인 일본 동경제국대학 독법과(독일어법과)에 입학하여 수재로 널리 알려지게 되었다. 김준연의 동경제국대학 선배로는 유만겸, 남궁영, 김우영, 등이 있다. 후배로는 최하영, 고병국, 장철수, 장경근, 유기천, 김상협, 이만갑, 김기두, 임원택, 신상초, 신도성 등이 있다.

1921년 김준연은 일본 동경제국대학 독법과를 졸업하고 일본 동경제국대학 대학원에 입학하고, 정치학과 요시노 박사의 조수를 하고 자동적으로 변호사 자격을 취득하고 강사가 되었다.

1925년 김준연은 독일 베를린대학을 졸업했다. 베를린대학에서 법학, 정치학을 전공했다. 영국 런던대학에서 정치학을 수학했다.

1925년 1월, 일본과 러시아가 국교를 정상화하게 되자 조선일보사가 가장 유능하고 실력 있는 특파원을 파견하고자 적격자를 물색하게 되었는데, 그때 세계적인 대수재이고 법학자인 낭산 김준연 선생이 발탁된 것은 민족진영지 조선일보사로서는 대단한 영광이었다.

김준연은 조선일보 초창기의 해외 특파원으로 4개월간 소련 사정을 시찰하고 돌아온 한국 최초의 해외 특파원이다. 김준연은 40여 회에 걸쳐 소련 사정을 연재하고 소련의 경제이론가 부하린의 글을 10여회 이상 번역하여 게재했다. 경쟁관계였던 동아일보의 이관용 특파원은 소련에서 냉대하여 제대로 보도도 못하고 독일로 가버렸다.

1925년 2월 21일자 『조선일보』 사고(社告)에 '본사 노국 특파기자(本社露國特派記者) 김준연 씨 금조 출발(金俊淵氏今朝出發)'이라는 제하(題下)의 패기 넘치는 젊은 특파원 낭산 김준연의 사진이 크게 게재된 한편 '북국(北國)의 곰'이라 불려온 러시아에 가게 된 경위와 취지 및 미래의 기대가 특보(特報)되어 있었다.

컴컴한 나라, 노물노물한 나라, 뱃심 좋은 나라, 굳센 나라, 무서운 나라라는 일상을 주어 왔던 러시아가 한번 쿵하고 돌아 누우면 세계 각국은 대경실색했다.

과격파의 나라, 공산주의의 나라, 인류 역사상 신기록을 만든 나라, 그러나 러시아는 더욱더 알 수 없는 나라가 되었다. 어떠한 정치를 하며, 어떠한 생활을 하는지 그 알수 없는 나라의 새로운 사정은 더욱 수수께기 같을 뿐이었다. 그러던 중 일로(露露)조약이 성립되어 교통이 열릴 때가 돌아왔다.

본사에서는 북경대보가 일로 교섭에 성공했다는 소식을 전했던 날로부터 이 의문의 나라를 하루 빨리 독자 여러분 앞에 소개하기 위하여 5년간 유럽에 유학하다가 돌아온 낭산 김준연 씨를 새로 귀국하여 행장을 채 끌르기도 전에 다시 머나먼 길을 떠나도록 부탁하고 일본 외무성과 기타 관계당국에 여행권을 청구 중이던 바, 이미 제반 준비가 정돈되어 금(今) 21일 오전 8시 낭산 김준연 씨는 경성역발(發) 열차로 노국 모스크바를 향하여 출발하게 되었다. "여러분! 의문의 나라, 붉은 빛의 나라, 노동 러시아의 사정이 본지에 나타남도 멀지 않은 미래의 일이 될 것입니다."

이 글로도 98년 전 그 당시 소련 모스크바로 향하는 한국 최초의 해외 특파원으로서 첫 테이프를 끊는 일이 얼마나 막중하고 전국 민적 관심을 집중시켰는가를 충분히 짐작하고도 남는다. 초창기 조선일보를 이끌어가던 사람은 주필 안재홍, 편집국장 한기악, 특파원, 논설위원, 이사를 지낸 김준연이었다. 김준연이 조선일보에 있을 때는 동아일보보다 더 강도 높게 조선일보가 일제에 항거했다.

1927년 김준연이 주도해 온 항일단체인 신간회가 만들어진 주무대도 바로 조선일보였다. 그러던 중 조선일보와 신간회에서는 일제의 압력과 민족주의자와 사회주의자 사이에 분쟁이 발생했다. 그리하여 신간회는 해산되고 말았다. 그리고 조선일보는 운영난으로 수개월간 월급이 제대로 지급되지 않았다. 그러자 김성수, 송진우 등이 김준연을 동아일보로 들어오도록 했다.

1928년 춘원 이광수의 뒤를 이어 김준연은 동아일보 편집국장이 되었다. 김준연은 동아일보 편집국장, 보성전문학교 강사, 교수, 신간회 이사, 제3차 조선공산당 당수로 활약하던 중 제3차 ML당(조선공산당) 사건에 연관되어 7년간 투옥 생활을 했다. 박석윤 등 친구, 후배들이 문화사업 한다고 전향서만 쓰면 즉시 풀어주도록 하겠다고 했으나 거절했다.

김준연이 제3차 조선공산당 당수를 맡게 된 것은 공산주의 사상보다는 공산 세력을 이용하여 일본 세력을 약체화시켜 조선에서 일본 세력을 몰아내기 위해서였다. 또 그때는 국내 공산주의자들이 일반 국민들에게 피해를 준 일이 없고, 공산주의 운동을 하는 사람들을 외경(畏敬)의 눈으로 높게 평가하던 시절이었다. (공산주의 운동도 독립운동의 일환이고 민족운동이라고 보았다)

그 당시 미국, 영국은 안전 제일주의 노선에 따라 일본과 친교를 했고, 소련만이 철저하게 일본을 배척하고, 피압박민족을 도와주겠다고 하면서 소련 수상 레닌이 상해 임시정부에 금(金)과 자금을 보낸 적도 있었다.

1934년 송진우의 결단으로 김준연은 동아일보 주필이 되었다. 1936년 손기정 선수 일장기 말살 사건 당시 동아일보 주필 김준연은 이길용 기자, 이상범 화백에게 일장기를 지우도록 지령하여 조사를 받고 구금되었다. 그리고 동아일보 주필을 사임하고, 신문사에서 다시는 일하지 않기로 각서를 쓰고 풀려났다. 1937년에는 인촌 김성수의 주선으로 고려대학교에서 운영하는 해동농장 관리 책임자가 되어 경원선 전곡 농장에서 8·15 해방 때까지 독서를 하면서 지냈다. 1938년에는 홍업구락부 사건에 관련되어 1년간 투옥 생활을 했다. 1942년에는 조선어학회 사건에 관련되어 함경도 홍원에서 구속되어 있다가 풀려났다.

8·15 해방

1945년 8월 12일 조선총독부 관계자들은 일본을 제대로 알고 있는 지일파이고 민족진영의 지도자 고하 송진우에게 정권 이양을 제안했으나 거절했다. 이어 8월 14일 엔도오 정무총감, 생전(이꾸다) 경기도지사 등이 낭산 김준연에게 정권 인수를 제안했으나 단호하게 거절했다. 그런데 조선총독부 관계자는 3차로 여운형에게 정권 인계를 제안했더니 쾌히 승락하고 건국준비위원회를 조직했다.

김준연은 국민대회 준비위원회를 조직하고 위원장에는 송진우, 부위원장에는 김준연, 서상일이 되고, 장택상은 외교부장이 되었다. 그해 9월 16일 한국민주당이 창당되고 서재필 박사, 이승만 박사, 문창범이 고문, 송진우는 수석총무(당수 대행), 김준연은 한국 민주당 부당수 겸 노농부장, 선전부장을 맡았다.

이승만 박사는 한민당 당수로 추대되었으나 사양했다. 이승만은 어느 한 정파의 지도자는 안 하겠다는 것이다. 이승만은 독립촉성 중앙협의회를 만들었다. 그러던중 1945년 12월 하순 공산당들을 몰아내고 새로 독립촉성국민회를 조직했다.

김준연은 한민당 노농부장, 선전부장, 독립정부수립연구부장으로 있으면서 공산세력을 타도하는 성명서와 논설을 가장 많이 발표했다. (동아일보, 민중일보, 대동신문, 조선일보, 서울일보, 경향신문, 정치 잡지로는 재건, 태평양 진상에 글을 썼다)

미군의 윌리엄스 대령, 한민당, 임시정부 사람들은 중국에서 활약한 원세훈을 경무부장으로 추천하려 했었다. 그러나 김준연의 강력한 주장으로 조병옥이 미군정청 경무부장이 되었다. 김동성 씨가 송진우 씨를 찾아와 장택상을 경기도 경찰부장으로 추대하자고 제안했으나 송진우가 반대했다. 장택상은 장관이나 국무총리를 해야지 경찰국장 정도는 말이 안 된다는 것이었다.

김동성은 혼란한 시기에 경기도 경찰부장도 중요한 직책이라고 말했다. 이것은 송진우의 큰 실책이었다. 그때 장택상 씨가 경기도 경찰부장(서울시 경찰국장 겸 경기도 경찰국장)을 맡았더라면 철저하게 송진우를 경호해서 피격되는 일은 없었을 것이다. 결국 경기도 경찰부장은 중국에서 온 조계옥이 맡았다가 생명의 위협을 받아 도중에 그만두었다.

1948년 천재 최하영을 중심으로 일제시대 고등문관시험 사법과, 행정과, 조선 변호사 시험, 일본 외교관 시험에 합격한 재사들 80여 명이 모여 내각책임제 헌법을 만들었다. 헌법학자 유진오는 혼자 헌법을 만들었다고 한다. 그런데 유진오 헌법은 유진오 이외에는 아무도 본 사람이 없다. 그런데 이승만 박사가, 최하영 씨가 주도하여 만든 내각책임제를 하면 정치를 안하고, 국민운동이나 하겠다면서 대통령 중심제 헌법을 강력하게 주장했다. 그리하여 최하영의 내각책임제 헌법을 김준연이 최종적으로 대통령 중심제로 만든 것이었다. 제헌 국회의원이고 헌법기초위원인 김준연 의원이 만든 대통령 중심제는 유진오가 혼자 만들었다는 헌법과는 아무런 관련이 없는 것이다.

1949년 한국민주당이 민주국민당이 되고 김준연은 민주국민당 상임 당무위원, 고문이 되어 민국당에서 시도하는 내각책임제 개헌을 반대했다.

1950년 6·25 남침전쟁 당시 김준연은 법무장관이 되어 대구 사수의 대공을 세운 조병옥 내무장관을 지원해 주었다. 1951년 미국 샌프란시스코에서 대일강화조약이 체결되었다. 그런데 제4조 B항에서 이승만 정부가 일본과 합의해야 한다는 실책을 저질렀다. 이승만 대통령과 장면 국무총리는 이 내용이 얼마나 중요한 것인지도 잘 몰랐다. 이승만은 "왜 떠들석하느냐? 내가 국회에 가서 말하겠다. 일본이 무슨 힘이 있어"
라고 말하는 것이다.

　김준연 법무장관은 민복기 비서에게 이승만 대통령이 국회
에 나오지 말도록 했다. 이승만 정부에서 일본과 상의해야
한다는 실책을 저질렀으니 이것을 뒤집으려면 국회에서 들고
일어나고 국민들이 들고 일어나야 한다. 다행히 민국당 사무
총장 조병옥, 무초 주한미국대사, 에치슨 미 국무장관은 김
준연 법무장관의 주장에 동조했다. 법무장관이고 대일강화
조약 초안 심사위원 김준연은 기자회견을 하고 성명서를 발
표하고 대일강화조약 제4조 B항에 일본은 한국의 적산(귀속
재산)을 포기한다는 수정 조안을 작성했다. 그리하여 일본은
한국에 남겨둔 재산 48억 달러를 요구할 수 없게 된 것이다.
(재산 48억 달러는 현재 900억 달러에 해당된다)

　김준연은 일본 수상을 지낸 기시 노부스케(안신개)와 동경제
국대학 동창생이다. 그의 동생은 사또 수상이다. 김준연은 동
경제국대학 동창회 회장, 경기고등학교 동창회 이사가 되었다.

　1954년 김준연은 제3대 국회의원이 되었다. 그전에 뉴델리
사건이라는 것이 있었다. 국회의장 신익희 선생이 영국 여왕 대
관식에 참석하고 돌아오는 도중 인도 뉴델리에서 북한에 있
는 조소앙과 접선을 하여 신익희 선생이 용공주의자라는 것이

다. 이 사건은 정보 브로커 김지웅과 자유당에서 조작한 것이었다. 그런데 조병옥이 함상훈에게 발표하도록 하고, 조병옥은 슬쩍 빠진 것이다. 김준연은 한번 알아볼 필요가 있다고 했다. 김준연이 함상훈에게 시킨 게 아니다.

1955년 김준연은 동아일보 이사, 가락중앙종친회 고문이 되었다.

1956년 민주당 최고위원 선거가 있었다. 김준연은 유엔 대표로서 98개국을 순방했다. 민주당 신파계열에서 143표 부정선거를 하여 구파의 임긍재 씨가 조사를 요구했다. 신파 이영준은 조사도 안했다. 민주당 최고위원 부정선거로 인해 당선이 안 되자 1957년 김준연은 민주당을 탈당하여 통일당을 조직하여 통일당 당수가 되었다.

1958년 제4대 국회의원, 가락중앙종친회 회장이 되었다.

1960년 3·15 선거 당시 김준연은 통일당 당수로서 통일당 부통령 후보로 출마를 선언했다. 그 무렵 이승만 대통령은 극비밀리에 자유당 부통령 후보 이기붕을 그만두게 하고 김준연 후보를 부통령에 당선되도록 정일권 대장에게 지령했다. 그래서 프랑스 대사 정일권 대장은 장군들과 요담하고 부산에 있는 사업가들이 자금을 대기로 했다. 그런데 이기붕의 아내 박마리아가 이것을 알고 프란체스카와 함께 애원하여 그 만두게 되었던 것이다.

그때 이승만 대통령이 그 옛날 제갈공명이 읍참마속하여 마속을 처단한 것처럼 과단성 있게 처리했더라면 3·15 부정선거도, 4·19 학생의거도, 5·16 군사 쿠데타도 없었을 것이다. 그후 3·15 부정선거로 마산사태가 일어나자 김준연은 수차 이승만, 이기붕에게 전문과 서한을 보내 선거를 다시 하라고 제한했다. 이 제안이 채택되었더라면 자유당은 파국을 모면할 수 있었을 것이다.

1960년 5월 3일 이승만 대통령이 하야하고 나서 이화장에서 김준연이 이승만 박사를 만났을 때 이승만 박사는 진작 연부역강한 낭산(김준연) 같은 큰 인물을 후계자로 빨리 선정하지 않은 것을 크게 후회했다. 그해 김준연은 제5대 국회의원이 되고 공화당 위원장이 되었다.

1962년에는 건국공로훈장 중장을 수령했다.

1963년 대통령 선거에서 허정 씨와 송요찬 장군이 윤보선 후보에게 표를 몰아주었다. 그때 변영태도 민정당 대통령 후보에게 양보하고 표를 몰아주었더라면 윤보선 후보가 대통령에 당선되고, 박정희 정권은 없어졌을 것이다. 변영태, 오재영, 장이욱은 국민에게 피해를 주고, 민주주의를 더럽혀 놓은 것이었다.

1963년 김준연은 자유민주당 대표 최고위원, 김도연, 송요찬, 김재춘, 소선규, 김봉재는 최고위원이 되었다.

1964년 수표동 장택상의 집에서 장택상 씨가 공화당에서 사전에 일본으로부터 1억 3천만 달러의 정치자금을 받은 것을 전하자 김준연은 국회 본회의, 국회 외무분과위원회, 국회 신문기자실에서 3차에 걸쳐 1억 3천만 달러 사전수수설을 폭로, 6·3 시위 사태를 가져오게 하여 위수령이 선포되고, 공화당 정권을 곤경으로 몰아붙였다.

김준연은 1965년 일본과 중국을 방문했다. 1967년 국회 국방위원으로 월남, 일본을 시찰하고 민중당 총재에 취임했다. 1969년 국민훈장 무궁화장을 수령했다. 1971년 신민당에 참여했다. 1971년 12월 31일 그해를 다 살고 생애를 마쳤다. 1972년 1월 5일 시민회관에서 사회장으로 영결식을 거행했다.

경기도 의정부시 양주군 주내면 천주교 공원에 있었으나 대전 현충원으로 이장했다.

낭산 김준연 선생은 3년 연상의 부인 김옥성 여사와의 사이에 1남 3녀를 두었다. 외아들 김회종은 경기 중학 5학년 때 늑막염으로 일찍 타계했다. 장녀 김자옥은 의사 조규찬(전남대학 의과대학장)과 결혼했고, 차녀 김자향은 산부인과 의사이고 이종만(한전부장)과 결혼했다. 3녀 김자선은 천주교 예신도회 회장을 지냈고 사상검사, 서울고등법원 원장을 지낸 김홍섭과 결혼했다.

낭산 김준연 선생은 8·15 해방 이후보다는 오히려 일제시대, 해방 정계에서 더 유명했고, 한국보다는 일본, 독일에서 더 존경받고 더 잘 알려진 인물이다.

허상록(허우당)

한국의 대수재이고, 개화 선각자이고, 한학자이고, 법학자
이신 우당(宇堂) 허상록(許常綠) 선생은 1907년 산자수명한 강
릉에서 부친 허달(許達) 선생과 모친 김병숙(金秉淑) 여사 사이에
서 2남 1녀 중 차남으로 출생했다. 허상록(許常綠) 선생의 본관
은 양천(陽川)이다. 아호는 우당(宇堂)이다. 허상록(許常綠) 선생은
허비(許秕) 선생이라고도 한다. 경기도 김포군을 조선시대에는
양천(陽川)이라 하고 고려시대에는 공암현이라 했다. 양천 허씨
의 시조는 공암현의 촌주로서 고려 왕건에게 군량미를 제공
하고 98세에 전쟁을 지휘하여 고려의 개국 공로자이신 허선
문(許宣文) 장군이다.

이른바 강릉 지역에서는 초당 허엽 선생 후손과 배다리(선교장) 효명대군 후손 이근우 씨 집안이 명문가로 양대산맥을 이루고 있다. 동인의 지도자 초당 허엽 선생(장원급제), 그의 장남 허성(許筬) 선생(장원급제, 이조판서), 차남 허봉 선생(최연소 장원급제), 3남 허균(許筠) 선생(중원에 장원급제, 병조판서), 따님 허난설헌(許蘭雪軒)(천재 여류 시인)을 5문장대으로 중국과 일본에서도 널리 알려져 있다.

우당 허상록 선생의 조부이신 허선 선생과 부친되는 허달(許達) 선생은 개화 선각자로서 주문진읍 신림면에 서당과 학교, 그리고 강릉에 강릉의숙(초당의숙)을 설립했다. 독립운동가 여운형 선생도 한때는 주문진에 와서 피신 생활을 하고, 강릉의숙에서 영어교사를 하고, 우당선생 친척들의 과외선생을 하기도 했다.

우당 허상록 선생의 조부이신 허선 이사장, 부친 허달 교장, 여운형 영어교사의 지도를 받은 학생들은 훗날 3·1 만세운동을 주도하고, 강원도 지방의 지도급 인사가 되었다. 최백순 변호사, 김병헌 변호사, 조평재 변호사, 참의원 김진구, 최헌길 제헌국회의원. 경기도지사, 박용익 자유당 원내총무, 김동명 시인 등이 강릉의숙 출신이다.

400여 년 전 우당 허상록의 집안은 서울 건천동, 오장동에서 살고 강릉 초당동, 교동에서도 살았다. 우당의 선대 고향

은 서울이었으나 조선시대 말기 강릉 군수, 명주 부사, 강원
도 관찰사 등을 하고 주문진, 강릉에 서당과 학교를 세우는
관계로 우당은 주문진에서 서당을 다녔다. 그러던 중 강릉 교
동으로 나와서 강릉보통학교를 수석으로 졸업했다.

우당의 소년 시절에는 이화여대 부총장을 지낸 박마리아와
그의 모친 고의대가 우당의 친척 집에 들어와서 하인으로 일
하면서 교회에 다녔다. 우당 허상록은 강릉에서 배를 타고,
원산으로 가서 기차를 타고 경성(서울)으로 올라왔다.

그러고 나서 우당 허상록은 함경도에서 제주도까지 13도
의 수재들이 집결해 있다는 공립경성제일고등보통학교(경기고교)
에 지원하여 20대 1의 치열한 경쟁에서 승리하여 당당히 수석
으로 합격했다.

학교 격차가 극심했던 시절에 주문진, 강릉의 산골 학생
이 전국 최고의 수재 학교에 입학하게 되자 당시 노인이던 학
교 교장은 수재 학생 우당 허상록에게 포도주를 건네면서 나
의 생애 가장 보람 있고 기쁜 날이라면서 감격의 눈물을 흘
리기까지 했다.

일제시대 당시 경성제일고등보통학교의 교가(校歌)는 다음
과 같다.

13도에서 고르고 골라 수재(秀才)를 뽑아 일천유여명 화동학사(花洞學舍)의 현란(絢爛)한 빛은 진취(進取)의 기상(氣像)에 불붙는도다. 백악(白嶽)도 높이 치어다 보며, 경룡(京龍)도 멀리 바라다 보며, 제세(濟世)의 학문(學文) 공(功)을 닦아서 의기반도(意氣半島)를 먹음이로다. 아침엔 스승 지도(指導)를 받고 저녁에 홀로 연마(鍊磨)를 하여 나라 전두(前頭)에 나설 사람들 금강역사(金剛力士)는 우리들이로다. 보아라 개명(開明)의 그 보람을 푸른 하늘 높이 뜬 기염(氣焰)이로다. 들어라 우리 열혈아(熱血兒)들의 희망(希望)에 넘치는 가슴의 고동(鼓動)

사실 동으로 낙산, 서로는 인왕산, 북으로는 북악산과 북한산이 병풍처럼 둘러쳐져 있고, 남으로는 남산의 능선이 끝나서 앞이 탁 트이고, 한강과 관악산, 수리산이 보이는 그야말로 천하 명당의 자리에 위치한 경기고등학교에서 13도의 대수재들이 배출되는 것은 너무나도 당연한 일이었다.

그 당시 서울 종로구 화동 1번지에 있는 경성제일고보(경기고교의 전신)는 갑신정변의 주역 김옥균(金玉均), 서재필(徐載弼) 박사가 살던 집이었다.

경성제일고보 졸업생 중에서 뛰어난 인물로는 3차에 걸쳐 한국전력 사장을 지낸 윤일중 선생, 대한민국 건국의 원훈 낭산 김준연 선생, 한학자이고, 법학자인 우당 허비 선생, 노벨

화학상 추천위원 이태규 박사, 제2대 대법원장 조용순 선생, 고려대학교 총장을 지낸 유진오 박사, 서울대학교 의과대학 교수 이국주 박사, 성균관대학교 총장을 지낸 조광하 박사, 상공부 장관을 지낸 이태용 선생, 화신산업 고문 백종락 선생, 대법원장 서리 김갑수, 대법원장 이영섭, 대통령 최규하, 국무 총리 서리 박충훈, 국회의장 서리 민관식 등이 있다.

경성제일고보(경기고교의 전신) 중퇴자로는 임시정부 외무총장 조소앙(趙素昂), 초대 국무총리 겸 국방장관 이범석(李範奭), 대법 원장 조진만(趙鎭滿), 심계원장 최하영(崔夏永), 초대 내무장관 윤 치영(尹致暎), 신민당 당수 유진산(柳珍山), 소설가 심훈(沈勳), 초 대 합동참모본부 의장 이형근(李亨根) 대장 등이 있다.

언제나 우당 허상록의 고고(孤高)하고 기품이 있고, 의연(毅 然)하고 당당했던 자세는 바로 이러한 경성제일고보 청소년 시 절에서부터 형성된 것이라 할 수 있다. 경성제일고보를 우수한 성적으로 졸업한 우당 허상록은 대망의 일본 유학을 하려고 현해탄을 건너 동경으로 들어갔다.

그 무렵 김준연 선배는 일본 동경제국대학을 거쳐 독일 베 를린대학 등 외국의 일류 수재 대학 코스를 거쳐 갔다. 그래 서 우당은 낭산 김준연과 능히 견줄만한 수재로서 자타가 공 인하는 관록을 차지하게 되었던 것이다. 우당 허상록도 와세

다를 시작으로 동경제대, 베를린대학을 거쳐 갔다. 그리하여
우당 허상록도 낭산 김준연과 능히 견줄만한 수재로서 자타
가 공인하는 관록을 차지하게 되었던 것이다.

　자동차 수리와 외제차 수입을 하고 버스를 생산하는 경성
서비스 사장 정무묵 씨는 어느 날 조선총독부에 이권 관계
로 들어갔다. 그때 정사장의 친구 우당 허상록 씨가, 어느 일
본인 관리가 조선인 어린 구두닦기에게 "발바닥을 핥으라" 했
다 하여 친구 우당 허상록 씨가 선임자이고 연장자이던 일본
인 관리를 두들겨 구타했다는 것이다. 식민통치의 본산인 총
독부에서 일본 관리를 때리는 것을 보고 정무묵 사장은 놀
라지 않을 수 없었다. 결국 일본인 관리는 얻어 맞고 황해도
곡산군수로 좌천되어 갔다.

　일제시대 제6대 조선총독 우까기 가즈시게는 일본 육군사
관학교, 일본 육군대학을 졸업하고, 2차에 걸쳐 독일 유학을
한 지식인이었다. 우가끼 총독은 산업 진흥·개혁 정책을 표방
했다. 우가끼 총독은 고등문관시험에 합격한 조선인 수재와
일본인 수재들에게 경제개발 3개년 계획과 신생활운동과 자력
갱생운동, 식량증산운동, 함경도, 평안도에 철도 설치운동을
실시하도록 독려했다. 그때 조선총독부 조사과장 최하영(崔
夏永)과 우당 허상록은 경제개발 3개년 계획과 신생활운동의
계획을 입안하고 작성했다.

일제시대 우당 허상록은 신사참배, 친일강연, 친일하는 글, 창씨개명, 국민복 착용을 철저하게 배격했다. 우당 허상록은 영애와 조카딸의 이름도 영자, 정자, 명자 등 '자'라는 글자가 들어가는 것은 일본식 이름이라 하여 그런 이름을 짓지 못하도록 했다. 그러면서 아는 사람이나 동네 사람의 아이들 이름을 지어주기도 했다. 한때 우당 허상록의 지도를 받던 사람으로는 정상회(전 국회의원), 윤원선(전 경기도지사), 이언진(전 동아일보 부사장), 한희석(전 진양회학회장), 정춘채(관리) 등이 있다.

이완용이 명동성당에서 20대 청년 이재명에게 피습을 받은 적이 있었다. 그러고 나서 이완용은 건강이 좋지 않았다. 허상록이 학창 시절 어느 날 이완용이 청년 한 명을 대동하고, 효자동에서 자하문 방향으로 가고 있는 모습을 직접 보았다. 그때 우당 허상록은 영어를 할 줄 알고, 과거도 합격하고, 평양감사, 독립협회 회장, 총리 대신까지 한 사람이 처세를 똑바로 했으면 저 지경이 안 되었을 것이라고 생각했다. 그리고 이런 일도 있었다. 덕성여고 설립자 차마리아 여사는 덕성 여학교 교장으로 있으면서 신사참배, 창씨개명 등을 반대하고 일본어도 사용하지 않고, 일제에 협력하는 것을 철저하게 배격했다. 그랬더니 일제 관계자는 차마리아 여사를 강제로 교장에서 몰아내고, 부교장이던 송금선을 교장으로 만들었다.

차마리아 여사는 혼자서 어린 식모와 함께 삼청동 산골에서 살고 있었다. 그런데 일제시대에 친일분자들이 차마리아 여사에게 회유와 위협을 해오는 것이었다. 그때 우당 허상록은 고관과 청년들을 통해 회유, 협박을 못하도록 저지하고 보호해 주었다. 세인들 중에는 차마리아 여사와 우당 허상록 선생이 친남매인 줄 아는 사람들도 있었다고 한다.

일제 말기 탄압이 극심해지고, 생활난에 시달리게 되자 친일파로 변절하는 사람이 속출하게 되었다. 개화 선각자이던 윤치호가 재산을 안 빼앗기려고 마지못해 창씨개명을 하고, 신사참배를 하려고 하자 우당 허상록은 직접 윤치호에게 "다른 사람은 몰라도 선생이 그러면 안된다"고 주의를 환기시키고 돌아왔다. 학부 대신을 지낸 조정구 집안이 생활이 어려워지자 그의 가족과 인척들이 이 왕가 친인척이므로 국가기관에서 생활비를 받아야 한다는 말도 나왔다. 그것은 작위를 안받고 30년간 지조 지키면서 가난하게 살다가 일제의 지원을 받는다는 것이었다. 그래서 우당 허상록은 이에 반대하고, 조정구 집안에 생활비를 지원해 주었다. 그런데 해방되기 5개월 전에는 이상야릇한 소문도 나돌았다. 우당 허상록은 숙명여자전문학교, 보성전문학교에서도 강의를 했다.

8·15 해방

8·15 해방 직전 1945년 8월 12일과 8월 14일 조선총독부

관계자는 송진우, 김준연 선생에게 정권 인수를 제안했으나 거절했다. 그러나 여운형은 흔쾌히 수락하고 건국준비위원회를 조직했다. 1945년 8·15 해방이 되고 나서 9월 8일 미국이 한국에 들어와서 미군정이 실시되었다.

항일투사이고, 정보, 첩보 분야의 제일인자인 장석윤(張錫潤) 선생은 대한관찰사(정보기관), 사정국, 치안국을 창설했다. 장석윤은 중앙정보부에 해당되는 대한 관찰사 대표, 사정국장을 지냈다.

조선시대 관찰사(도지사)가 있어 관찰국이라고 했다. 장석윤의 간청으로 우당 허상록은 사정국에 잠시 관여하기도 했다. 그리고 우당 허상록은 대한청년단장을 거쳐 장기간 종로지역 대한청년단장을 지내면서 경찰을 도와 공산세력을 분쇄하고 치안질서를 잡는 데 대공을 세웠다.

경기도 경찰부장, 수도경찰청장 장택상은 삼청동 학병동맹을 격파하고, 용산 철도 파업, 법원에서의 난동, 육군사관학교에서의 공산분자를 진압하는 등 큰 공적을 세웠다. 그때 우당 허상록은 청년과 손님들을 지도하고 대접하고 질서를 잡느라 본인 재산은 거의 다 없어지게 되었다.

어느 날 한학자이고 법학자인 우당 허상록 선생은 한글학자, 한학자, 역사학자들이 모여 발표회를 하는 행사를 주관하게 되었다. 육당 최남선은 한글학자이고 한학자이고 역사학자였다. '한글'과 '어린이'라는 용어를 제일 처음 사용한 학자도 최남선이었다. 방정환보다 1년 먼저 최남선은 『소년』이라는 책에 어린이라는 말을 사용했다. 한글학자 최현배가 이화여자대학을 "배꽃계집학교"라고 하자는 것을 "안 된다"고 최남선 선생이 발언했다.

한학자 우당 허상록 선생은 "한글 이용은 좋지만 한글 전용은 곤란하다. 한글과 한문을 함께 사용하자"고 주장했다. 한글학자 정경해, 국어학자 이희승, 이숭녕 교수도 우당 허상록 선생의 주장에 동조했다. 그러자 한글학자 최현배 혼자 유리잔과 물건들을 던지고 나가는 것이었다.

우당 허상록 선생은 문교부 편수과장 최현배(崔鉉培)에게 말하기를 "내 모교가 화동(경기고교)인데 나는 최현배, 박헌영 두 명을 좋게 안 본다"면서 내리쳤다. 그랬더니 최현배 편수과장의 부하 편수계장이 "학자분이 말로 하세요, 완력은 쓰지 마세요"라고 했다. 그러자 우당 허상록 교수는 "중국의 공자님이 중국에서 태어났으니까 어질 인(仁)자 '인'을 외쳤지 아프리카에서 태어났으면 말 안듣는 녀석들은 두들겨 패라고 했을 것이다"라고 말했다. 그후 최현배 계열에서 먼저 사과하고 화해를 요청해와서 우당 선생은 흔쾌히 받아들여 화해했다.

이훈구 박사는 동경제국대학을 거쳐 미국에서 박사학위를 받고, 조선일보 주필을 지냈다. 어느 날 육당 최남선은 이훈구 제2대 성균관대학 총장을 만나도록 우당 허상록 선생에게 소개장을 써주었다.

이훈구 총장님 귀하

한학자이고 법학자이신 우당 허비 선생은 나의 맹우(盟友)이고 외우(畏友)이고 드물게 보는 사상가이십니다. 이훈구 선생 다음으로 대학총장을 할 만한 실력과 품격을 갖추신 분입니다.

해방 이후 서울 종로구 명륜동, 혜화동에는 지주 계급, 신흥부자, 지식인, 정치 지도자들이 많이 살고 있었다. 그때 이승만 박사의 단독정부 문제를 가지고 종로구청, 명륜동, 혜화동, 청년 단체들이 주관하여 연사로 대한청년단 종로지역단장 우당 허상록 선생, 천주교 단체 대표, 동성고등학교 교장, 운석 장면 선생을 초청했다.

그때 우당 허상록 선생은 "남한만의 단독정부보다는 남북한을 합한 통일정부가 최선이다. 그러나 소련과 중공과 북한의 방해로 현재 통일정부는 실현될 수 없다. 지도자는 가장 좋은 최선의 방안을 추진해야 하고, 그것이 안 되면 차선의 방안을 추진하고, 그것도 안 되면 3선의 방안을 모색해야 한다. 가령 두 형제가 다 잘 되면 제일 좋다. 그런데 두 형제가 다 가난하면 마음이 불안하다. 그런데 동생은 가난한데 형님이 잘 살면 동생은 정신적으로 마음의 의지가 된다. 지금 현재 수많은 정치 단체들이 난립해 있기만 하면 외국에서 신용을 안 한다. 그러니 차선책으로 이승만 박사가 주장하는 단독정부, 가능한 지역에서의 선거를 맡아 정부를 세우고 그후 기회를 보아 통일정부를 모색해야 한다"고 말했다.

두 번째 연사로 나온 장면 선생은 "나도 우당 허상록 선생과 똑같은 생각이어서 더 이상 말할 것이 없다"고 했다.

해방 직후 우당 허상록 선생은 몽양 여운형에게 경성 서비스 사장 정무묵 씨를 주선해 주었다. 그리하여 여운형 선생은 자동차를 제공받고, 잔치 대접도 받고, 자금도 얻어 썼다. 여운형 선생은 중도노선을 표방했으나 주위의 장난으로 중도 좌파적 성향을 보이기도 했다. 여운형은 그가 만약 집권을 하면 우당 허상록 선생을 농림장관이 되도록 해 주겠다고 자주 말하곤 했다. 그러나 우당 허상록 선생은 그런 것은 여운형 선생이 집권하고 난 이후의 일이라 하고, 정치노선을 분명하게 해야 한다고 강조했다. 여운형의 딸 여연구는 이정식 교수에게, "여운형은 종파분자(박헌영)의 소행으로 피격을 받았다"고 주장했다.

그때 서울대학교 의과대학 강사였던 권이혁 군은 우당 허상록 선생에게 말하기를 "아담 스미스 이론보다 칼 마르크스 이론이 나은 것 같습니다. 북한에 가려고 합니다"라고 이상야릇한 소리를 하는 것이었다. 그러자 우당 선생은 권이혁에게 "책을 더 다양하게 많이 보게, 그건 그렇지가 않다. 북한에 가지 말라"고 주의를 주고 경고를 했다. 그런데도 권이혁 군은 몰래 북한으로 들어갔다. 권이혁은 미제 첩자로 오인되어 혼이 나고 감시대상이 되었다. 그래서 권이혁은 북한에서 탈출하여 38도선 금방 여현에 도착했다. 그리고 처갓집에 연락하여 장인 정무묵 사장이 거액의 돈을 쓰고, 재정 보증을 하여 권이혁 군을 데리고 서울로 돌아왔다. 그후에도 수사기관에서 조사를 받게 되고, 우익단체의 테러 위협도 있었으나 우당 선생이 요령 있게 처리하도록 해주어 무사히 해결되었다. 이 권이혁은 훗날 문교장관을 지냈다.

6·25 남침전쟁 전에 우당 허상록의 부인 최금순(崔金順) 여사는 대구와 부산으로 피난을 가자고 제안을 했다. 그러나 우당 허상록은 나는 이승만 정부에서 벼슬한 게 없어서 피난을 안 가겠다고 했다. 우당 허상록 선생보다 더 영특하고 눈치 빠른 부인의 말을 들었더라면 재산도 보존하고, 고생도 안 했을 것이다.

그후 예상대로 1950년 6·25 남침전쟁이 일어났다. 공산군이 서울을 차지하고 을지로 국립도서관 지하(현재 롯데호텔)에서 지식인, 고관들이 조사를 받게 되었다. 공산당 관계자가 우당 허상록 선생에게 "당신은 이승만 정권에 얼마나 충성을 했소?"라고 질문을 하는 것이었다. 그러나 우당 선생은 당당하게 "나는 이승만에게 충성한 적이 없소. 나는 이승만 박사와 김일성 장군을 단 한 번도 본 적이 없소이다. 만약 인민공화국 정부에서 자유롭게 지도자를 선택하라면 나는 여운형 선생을 선택하겠소. 우리집에서 학교를 세웠을 때 여운형 선생이 영어 교사를 하여 선대부터 잘 아는 분이오"라고 대답했다. 그랬더니 용지를 던지며 "나는 이런 거만한 사람 처음 보았소. 내가 이래뵈도 평양정치보위학교 출신이오, 신원 보장을 못하겠으니 일주일 후에 다시 오시오"라는 것이었다.

그래서 피난가지 못한 우익 인사들은 명륜동 경성서비스 정사장 지하실에 숨어 피신 생활을 했다. 그러던 중 9·28 서울 수복이 되자 경성서비스 사장 정무묵 씨와 그의 친인척들은 공산분자로 몰려 수사기관에서 조사를 하려 하고, 우익단체와 군부에서 폭탄장치를 설치하고 테러를 하려고 하는 것이었다. 이렇게 되자 한학자 우당 허상록과 장택상(전 국무총리)은 우익단체와 군인들을 잘 설득하고, 신원 보증을 해주어 모두 다 무사히 원만하게 해결해 주었다.

6·25 남침전쟁과 9·28 수복, 1·4 후퇴 당시 시골 부락에

서는 좌익과 우익이 서로 싸우고 희생자가 많이 발생했다. 그렇지만 서울 종로구 명륜동, 혜화동 지역에서는 한학자 우당 허상록 선생의 카리스마적 지도력과 원만한 성품과 능수능란한 처세술과 뛰어난 감화력과 고매한 인품에 감동하여 희생자들이 발생하지 않았다. 또한 우당 허상록 선생은 5개 국어를 하여 미 제8군 사령관 밴플리트 대장, 미 제24공병단 민스키 사령관의 고문이 되어 통역도 했다.

우당은 독일 여성 루이스와 함께 미 제8군 사령부, 미 제24 공병단에 함께 다녔다. 소설가 이광수가 6·25 남침전쟁 때 납북되어 친척 허영숙 여사와, 베를린대학을 나온 친구 김준원도 납북되어 가자 독일인 아내 루이스도 우당 선생 이웃집으로 와서 의지하면서 살았다.

부산 피난 시절에는 유진오 박사가 고려대학교 총장 겸 전시종합대학 총장이 되어 동창생 우당 허상록 선생을 찾아와서 수차 고려대학교 교수가 되어 달라고 했으나 말년에 훈장은 안 하겠다며 거절했다. 그때 유진오 선생의 제안을 받아들였더라면 유진오 선생 다음에 고려대학교 총장이 되었을 것이다.

해방 후 우당 선생은 분노양조장의 박주명 씨가 자본을 대고, 김광식 박사, 조광하 박사 등과 비행기 부품, 그릇, 카

로피스(음료수) 등을 생산하는 사업을 했는데 학자들이어서 잘
되지 않았다.

일제시대 최하영 씨가 만든 경제개발 3개년 계획과 새생활
운동은 자유당 정권의 경제개발 3개년 계획에 반영되었다. 그
리고 우당 허상록 선생이 작성한 경제개발 3개년 계획과 새생
활운동은 1960년 장면 민주당 정권 당시 우당 허상록 선생
이 총지휘하여 상공장관 이태용, 주요한, 재무장관 김영선, 부
흥장관 태완선에게 맡도록 하고 내용을 보강하여 장면 정부
의 경제개발 5개년 계획과 새마을운동이 되게 만든 것이었다.

장면 정부는 미국에서 케네디 대통령에게 10억 달러를 받고,
일본에서 15억 달러를 받아 도합 25억 달러로 경제개발을 하
기로 실행하고 있었던 것이다. 국토건설단 단장은 장준하, 고
문은 함석헌이었다.

5·16 군사 쿠데타로 정권을 잡은 박정희 정권은 장면 민
주당 정부의 경제개발 5개년 계획을 그대로 베껴 도용한 것이
다. 남의 작품을 도용하고 나서 박정희가 아니면 경제개발이
안 되었을 것이라고 말하는 것은 가증스럽고 후한무치한 언
동이다. 박정희는 고작 무상 3억 달러, 유상 2억 달러를 가지
고 했다. 케네디는 정치군인 박정희에게는 10억 달러를 안 주
기로 했던 것이다.

우당 허비 선생은 고려피혁주식회사에 독일어 원서를 번역해 주기도 하고, 동아일보, 조선일보, 민중일보, 서울일일신문, 자유신문, 연합신문, 국도신문, 세정시보, 가락종친회 신문 등에 주필, 고문, 이사가 되어 글을 쓰기도 했다. 우당 선생은 최남선, 한학자 안인식(성균관 부관장), 역사학자 황희돈, 불교학자 권상돈, 이관구 등과 고전과 역사를 의논하고, 연구하고 번역을 하기도 했다.

우당 허비 선생은 신익희, 김성수, 김준연, 장택상, 이범석, 허정, 장면, 장석윤, 정일형 등 민족의 지도자들과 국가와 민족의 장래에 관해 의논하고, 정보 교환도 하고, 대책을 제시하기도 했다.

어느 날 명륜동 노상에서 초대 성균관대학 총장 김창숙 선생을 우연히 만나게 되었다. 우당 허상록 선생이 김창숙 선생에게 "외삼촌이 중국 하남성 개봉에 있는 김병만 선생입니다"라고 말했더니 김창숙 선생은 일면여구하면 몹시 반가워 하는 것이었다. 독립운동가들이 김병만 선생(하남성 조폐국장, 고문, 성장 역임)에게 신세를 많이 졌다는 것이었다. 그 언젠가 우당 허상록 선생은 이런 말을 한 적이 있다.

중국에 있는 외삼촌(金秉萬)이 인물이 되려면 중국에 오고, 학자가 되려면 일본에 가라고 서한을 보내왔다. 그때 내가 외삼촌(김병

말대로 중국으로 갔다면 오늘의 신익희 씨 정도의 지도자가 되었을 것이다.

명륜동에 살았던 윤정선 여사는 서울대학교 문리과 대학 영문과를 거쳐 서울대학교 사범대학 영문과를 졸업했다. 서울대학교 불문과 교수를 지낸 김붕구 씨의 부인 윤정선 여사는 "내가 제일 존경하는 어른이 허우당 선생입니다. 우당 허상록 선생은 5·16 군사 쿠데타 정도는 간단하게 진압했을 것입니다. 나는 윤보선, 장면과 이웃으로 살았기 때문에 이들의 행적을 잘 알고 있습니다. 정치 군인 박정희 소장이 쿠데타 모의한다는 것은 사전에 다 알려졌습니다. 그렇다면 박정희를 잡아들여 혐의가 있으면 집어넣고 없으면 풀어주면 되는 간단한 일입니다. 필리핀의 여자 대통령 아키노 여사는 쿠데타를 진압했습니다. 나는 윤보선, 장면 이런 인간들이 정치를 한다는데 여자로서 크게 분노했습니다"라고 말했다.

최연소 장학관, 도봉여중학교장을 지낸 최식근과 국군의 창설자인 김병휘 장관도 가장 존경하는 어른이 우당 허상록 선생이라고 했다.

이승만 대통령이 낭산 김준연 선생을 재빨리 후계자로 정했더라면 이승만은 더 좋은 평가를 받고, 역사는 다르게 전개되었을 것이다. 낭산 김준연 선생이 집권하고, 우당 허상록 선생이 도와주었더라면 역사가 크게 달라졌을 것이다.

황신덕

개화 선각자이고, 여성 교육자이고, 중앙여자중고등학교와 추계예술대학 설립자이신 추계 황신덕(黃信德) 선생은 1898년 평양 외성에서 부친 황석청 선생과 모친 홍유례 여사의 2남 6녀 중 여섯째 막내딸로 출생했다.

황신덕의 자매들은 순서대로 기록하면 첫째부터 황은덕, 황경덕, 황심덕, 황애덕(황애시더), 황인덕, 황신덕 등 6자매이다.

황신덕 선생의 아명은 진주이고, 아호는 추계(秋溪)이다. 황신덕 여사의 조부는 평양감사 민영휘 시절에 감찰 벼슬을 지냈다. 황신덕 여사의 부친 한석청은 한학자로서 자녀들에게 한문과 서예를 지도하고, 4대로부터의 족보를 장지에 써서 한 벌씩 나누어 주고 잘 간직하라고 했다. 황신덕의 집안은 일찍부터 기독교와 신학문을 받아들인 개화한 집안이었다.

의학을 독학하여 약사가 되고, 약국을 운영하던 부친 황석청은 처음에는 자녀 교육에 적극적이지 않았다. 그러나 넷째 딸 황애덕이 조부와 부모님을 설득하여 학교에 입학한 후로는 딸들도 신학문을 배워야 한다고 생각하게 되었다. 그리하여 황애덕의 동생 황인덕과 황신덕은 학교를 진학하는 데 어려웠던 일은 없었다.

황신덕의 부친 황석정은 3·1 만세운동에 참여하여 일본 경찰에 체포되어 투옥 생활을 했으며, 풀려난 후 그 후유증으로 그해 1919년 5월 세상을 떠났다. 모친 홍유례 여사는 선교사 닥터 홀 부인 집에 가서 일을 하고, 사례비를 받았으며, 전도부인으로 기독교 생활을 정성껏 했다. 큰오빠는 일찍 타계하고 둘째 오빠는 16세가 되던 1901년 9월, 하와이 개발회사를 따라 미국으로 이민을 갔다.

황신덕은 언니들의 영향을 많이 받았다. 언니들은 언제나 존경의 대상이고, 든든한 후원자였다. 특히 넷째 언니 황애덕은 일본 동경여자의학전문학교를 거쳐 미국 콜롬비아대학원을 졸업했고, 다섯째 언니 황인덕은 이화여자전문학교를 졸업한 신여성이었다.

황신덕은 취학 연령 이전부터 언니들을 따라 전진소학교에 다녔다. 선교사 닥터 홀 부인의 제안으로 황신덕은 평양 숭의여학교에 입학했다. 황신덕은 일주일에 한번 맹아학교에 가서 봉사활동을 하고 월사금을 받았다. 1913년 황신덕은 넷째 언니 황애덕이 활약하던 송죽회의 회원이 되어 비밀 결사 활동을 했다. 1915년 황신덕은 평양 숭의여학교를 졸업하고, 집에서 한문, 일본어, 철학을 공부하면서 남산현 교회 유치원에서 보모로 일했다. 1916년 황신덕은 송죽회 평양지회의 조직 책임자가 되어 회장 황애덕과 함께 여성 인물의 주도적 인물이 되었다. 1918년 황신덕은 서울에 올라와 이화여학교에서 영어를 공부했다.

그해 1918년 12월, 황신덕은 동경여자의학전문학교 학생이던 언니 황애덕을 따라 일본 동경으로 유학을 갔다. 1920년에 황신덕은 일본 동경의 치요다(千代田)고등여학교를 졸업하고, 이어 츠다(津田)여자영학숙에서 영어를 공부했다. 1921년에는 와세다(早稻田)대학 철학과 여자 청강생으로 수개월간 더 공부했다.

1922년 4월에 황신덕은 여자영학숙을 졸업하고, 정식으로 일본여자대학 사회사업과에 입학하여 4년간 공부했다. 그때 여공 생활에 대한 관심을 갖고, 여공 보건을 연구했다.

그 당시 동경제국대학 정치학과 교수로서 민주주의 사도로 추앙을 받고 있는 요시노(길야작조) 박사는 천재로 알려진 김준연(동경제국대학 독법과)과 황신덕(일본여자대학)에게 장학금을 지원해 주었다. 그때 요시노 교수는 황신덕에게 제안하기를 "일본 여자대학교를 졸업하면 내가 여학생 황신덕을 동경제국대학 대학원에서 영어 전공하는 청강생으로 넣어 주었다가 미국에서 박사학위를 받도록 주선해 주겠다"고 말했다.

황신덕은 그렇게 하겠다고 대답했다. 그리하여 귀국하여 가족과 주위 사람들에게 말했더니 "조선 여성이 이 시절에 일본에서 대학만 나와도 많이 공부한 것이다"라고 동의하지 않아 황신덕은 요시노 교수와의 약속을 실행하지 않았다. 만약 그때 황신덕이 요시노 교수의 제안을 받아들였더라면 최초의 여성 미국 박사는 김활란이 아니라 황신덕이 되었을 것이다. 이때 황신덕은 사회주의 책도 정독을 하고 메이데이 등의 집회에도 참석했다.

1920년 3·1 만세운동 1주년 기념식 때 황신덕은 친구들과 함께 태극기를 제작하여 동경 히비야(日比谷) 공원에 살포하여 독립만세를 외치는 등 만세 시위를 주도했다. 만세 시위로 황신덕, 변희용, 최승만 등은 일본 경시청에 수감되었다가 풀려나서 요시찰 대상이 되었다. 잠시 귀국했던 1920년 8월 2일에도 안악여자청년회의 강연회에서 400여 명의 청중을 대상으로 '조선 사회에 할 일을 하라'는 제목으로 강연했다.

1925년 2월에는 황신덕은 박순천, 이현경, 정칠성 등과 함께 여성 해방단체인 삼월회를 조직하고 위원이 되었다. 1926년 3월 귀국한 후 황신덕은 시대일보사에 입사하여 기자가 되어 홍명희 사장, 민태원 편집국장, 김기진(김팔봉) 작가 등과 함께 일했다. 시대일보사는 육당 최남선이 설립하고 초대 사장을 하고 그만두었다. 그후 홍명희가 시대일보 사장을 지냈다. 춘원 이광수는 동아일보 편집국장을 거쳐 시대일보 부사장이 되었다.

황신덕은 「가정난」을 통해 그런 여성에 대한 오도된 도덕과 인습을 비판하면서 「가정과 사회에서 신여성의 할 일」 등의 여성 계몽 기사를 쓰면서 신예 여성 기자로 인정을 받았다. 「부인 평론」은 무산계급 입장에서 쓴 조선 여류 문단 최초의 논문으로 평가받았다.

황신덕은, 여성운동은 여성의 인권을 회복하고 사회의 지위를 향상하는 것인 동시에 각각의 나라와 사회의 특수한 사정과 조건에 따라 운동의 방향이 결정되어야 하며, 남녀 모두에게 지지를 받아야만 한다고 생각했다. 그리고 여성의 경제적 독립이 가장 중요하다고 강조했다.

황신덕은 많지 않은 월급의 절반은 모친께 생활비로 드리고, 절반은 여성운동 자금으로 사용했다. 황신덕은 중외일보사(사장 이상협)의 신문기자로도 활동했다. 황신덕은 여성 동우회, 정우회 등에서 활약하고, 1927년 10월에는 경성여자청년동맹 추계 강연회에 참여했다.

1927년 국내 항일단체 가운데 남성이 주도하는 신간회와 여성이 주도하는 근우회가 있었다. 신간회는(장길상, 김준연, 안재홍, 조병옥)이 주도하고, 근우회는 황신덕, 유각경, 김활란 등이 주도했다. 이 근우회에서 황신덕은 21명의 중앙집행위원 중의 한 사람이고, 교양교육부 상무이사도 역임했다.

그리고 1928년 제1차 대회에서 지방과 해외지사의 대표가 추가되어 중앙집행위원회가 구성될 때에도 황신덕은 재차 31명의 집행위원 중 한 명이 되었다. 그후 근우회는 강제해체되고, 일제의 탄압정책은 날로 극심해져 갔다.

1929년 황신덕은 일본 유학 시절 동경 교회에서 만난 적이 있는 임봉순과 결혼했다. 당시 임봉순은 동아일보 사회부 기자로 있었다. 황신덕과 임봉순은 동아일보사에서 결혼식을 거행했다. 결혼 주례는 동아일보 사장 송진우 씨가 해주었다.

황신덕은 1930년부터 동아일보사에서 운영하는 『신가정』 기자로 일하다가 1937년부터 동아일보 정리부 기자로 자리를 옮겼다. 황신덕 씨가 동아일보 기자가 된 것은 송진우 사장의 권유와 『신가정』 편집 책임자인 변영로가 "내외 간에 함께 출근하는 것도 좋지 않겠소. 『신가정』의 기자 한사람이 출가하고 자리가 공석이니 와서 일 좀 해주시구려"라고 요청을 했기 때문이다.

경성가정의숙(중앙여고) 설립

황신덕은 동아일보 기자와 경성실천여학교 교사를 거쳐 중앙보육 학교 인수 경영에 나섰다. 학생들에게 현실 사회에 적응하는 예절 지도 등 생활 개선에도 앞장섰다.

1940년 황신덕은 경성가정의숙 설립에 착수하여 남편 임봉순의 동의를 받고, 박승호, 박순천 등과 의논한 후 가정 부인들을 대상으로 음식과 영양 등을 강의하는 일종의 강습으로 만들겠다는 착상을 하고, 관계기관의 승인을 받아냈다.

황신덕은 서울 서대문구 평동 적십자 병원 근방 이우공 전하 사저 공부방을 빌려 수리한 3개의 교실에서 37명의 학생을 받아들여 개교를 했다.

그후 일본에 있던 이우공 전하는 그의 사저를 황신덕 여사에게 희사했다. 경성실천여학교의 제자 조자호의 음식 연구서인 『조선 요리제조법』을 교재로 사용했다.

일본인 여성 문인들로부터 2만원의 기부금을 받았다. 성신여고가 종로구 견지동에서 돈암동으로 이사를 하자 1944년 경성가정의숙은 견지동으로 이전했다. 학교는 한동안 전시 체제에 필요한 작업과 훈련을 했다. 학교가 폐쇄 지경에 이르렀으나 중앙여자상과 학교로 다시 인가를 받았다.

황신덕 선생은 북아현동에 있는 이왕가의 건물과 토지 즉 운현궁 이우공 전하의 사재를 희사받아 중앙여자상과학교를 이전했다. 그후 학교가 시골로 강제 소개(疏開)된 지 2개월 후에 해방이 왔다.

1941년 10월, 황신덕 교장은 조회시간에 건강한 학생 한 명이 군부대에 가서 빨래하고 오는 일을 하도록 배정받았다고 발표했다.

위안부와 정신대는 다른 것이다. 학생들에게 강제로 정신대 가라고 강요한 것이 아니었다. 일본이라는 적군에게 포위된 상황이나 마찬가지였다. 총독부 같은 기관에서 공문을 보내오면 학교 교장은 조회시간에 발표하는 것이다.

황신덕의 부친 황석청, 언니 황애덕도 항일투사로서 6년간 투옥 생활을 했다. 학교 운영상 그렇겠지만 황신덕의 발표는 훗날에도 비판을 받을 수 있다. 조선임전보국단에 송진우, 임영신, 김성수, 황신덕 등 교육자들의 이름이 명단에 들어간 것은 일제가 제멋대로 강요에 의해 조작·발표한 것이다.

1942년 황신덕은 여학교 교육방침에 관해서는 위인 전기를 다독하고, 심신단련을 위해 도보, 원족, 등산 등을 장려하고 있지만 여학생에 대한 군사훈련은 생리적 이유를 들어 동의하기 어려움을 발표하기도 했다. 중앙여자상과학교 교장은 황신덕, 부교장은 박승호 교사, 학감은 박순천이었다.

8·15 해방

해방 직전 8월 12일과 8월 14일 조선총독부 관계자들은 송진우와 김준연에게 정권 인수를 제안했으나 거절했다. 이어 여운형에게 정권 인수를 제안했더니 쾌히 수락하고 건국준비위원회를 조직하여 해방 정계의 선두주자가 되었다.

1945년 8월 15일 해방이 되고 나서 중앙여자상과학교는 중앙여자중학교로 승격하여 황신덕 선생은 교장에 취임했다. 그후 중앙여자중고등학교가 되었다. 그런데 이 학교가 재단법인을 갖추어야 하며, 큰 자금이나 큰 토지가 있어야 한다는 것이었다.

그리하여 운현궁의 박찬주(朴贊珠) 여사는 경기도 시흥군에 있는 이우공 전하의 광대한 토지를 선뜻 중앙여자중고등학교에 희사하여 재단법인을 갖추도록 도와주었다. 박찬주 여사는 경기도 남양주군에 있는 이왕가 토지를 희사하여 황신덕 선생의 선산과 미술관을 만들도록 해주었다. 그리하여 운현궁 마마 박찬주 여사는 중앙여자중고등학교 재단 이사장을 지냈다.

1945년 8월 17일, 서울 YMCA 회관에서 황신덕, 박승호, 박순천, 노천명, 허하백 등은 건국부녀동맹을 조직했다. 그러나 건국부녀동맹은 좌익과 우익세력의 파쟁으로 분열이 극심해졌다. 그리하여 황신덕, 박승호, 박순천 등은 좌익세력(공산세력)과 절연하고 결국 건국부녀동맹에서 따로 뛰쳐나왔다.

이승만 박사는 1945년 10월 좌익세력, 중도세력, 우익세력을 모두 모아 독립촉성중앙협의회를 만들었다. 그러다가 공산세력과는 대화가 안 되어 1945년 12월 하순에는 공산세력과 결별하고 따로 독립촉성국민회를 조직했다.

1946년 1월, 황신덕, 박승호, 박순천, 황기성 등은 독립촉성부인단을 조직하고, 단장 박승호, 부단장 박순천, 황기성, 선전부장 겸 조직부장은 황신덕이 맡았다. 1945년 12월 27일 모스크바 삼상회의 결정으로 국내에 신탁통치안이 발표된 이후 독촉부인단은 신탁통치 반대운동(반탁운동)을 전개했다. 황신덕은 진두에 나서 전국 순회 강연을 통해 반탁운동을 했다.

1946년 4월 독촉부인단은 유각경이 영도하던 대한애국부인회와 통합하여 독립촉성애국부인회를 조직하고, 초대회장에 박승호, 부회장에 박순천, 황기성, 정치부장에 황신덕을 선출했다. 황신덕, 박승호, 임영신, 박현숙 등은 민족통일 총본부 결성에도 참여하여 이승만의 남한 단독정부수립 운동을 지원하는 활동을 강력하게 추진했다.

황신덕은 해방 후 소련에서 9월 초 북한 정권을 세우도록 김일성에게 지령하고, 1946년 2월 북조선 임시인민위원회를 만들었기 때문에 국토분단의 책임은 소련과 북한에 있다고 보았다. 중도파 김규식도 남한에 있는 인민위원회는 공산당 단체이지만 북한의 인민위원회는 화폐를 발행하고, 각료 임명을 하여 사실상의 정부라고 말했기 때문이다.

영특한 황신덕은 김구, 김규식이 신탁통치 반대, 좌우합작 반대, 미소공동위원회 반대를 주장하다가 공산분자 성시백, 홍명희, 서영해의 말만 듣고, 태도가 돌변하여 남북협상을 한 것은 시간낭비라고 단정했다.

미군정 하지 중장은 민주의원 의장 이승만을 정계에서 후퇴

하도록 견제하고, 새로 입법의원을 만들어 김규식을 입법의원 의장이 되도록 했다. 입법의원에는 관선의원과 민선의원이 있었다. 여성 입법의원은 황신덕, 박승호, 박현숙, 신의경 등이 있다.

1946년, 황신덕은 미군정이 설립한 남조선 과도입법의원에 여성단체와 교육계 대표로 여성 관선의원이 되었다. 황신덕은 입법의원, 애국부인회 정치부장 등 정치, 사회, 교육 분야에서 활약했다. 1948년에는 미국에 가서 교육계를 시찰했다.

1950년 6·25 남침전쟁 당시 황신덕은 공산군에게 연행되어 평양까지 끌려 갔었다. 그때 하늘에서 미군 폭격기가 폭격을 하자 공산군이 피신하는 것을 보고, 황신덕은 재빨리 탈출에 성공하여 조병옥 내무장관 일행을 만나 미군의 도움으로 남한으로 내려왔다.

계광순(평창 출신) 국회의원도 이때 미군 공습을 기회로 탈출했다.

1952년 피난 시절 황신덕 선생은 한기주, 김현실, 장화순, 표경조, 이예행, 김귀인, 이태영, 이희호 등과 여성문제연구원을 설립하고 원장에 취임했다. 황신덕 선생은 1956년 가정법률상담소를 창립하고, 이사장이 되었다. 그녀는 가족법 개정운동과 소비자 보호운동에도 앞장에 나섰다. 황신덕은 대한어머니회, 대한여학사협회, 한국여성단체협의회 임원, 고문으로 여성의 사회적 지위 향상에 진력했다.

변호사 이태영은 가정법률상담소를 차리려고 제일 먼저 찾아간 사람이 이화여대 총장 김활란이었다. 그러나 김활란은 "뜻은 좋지만 내가 할 일이 많으니 네가 직접 해보라"면서 냉정하게 거절하는 것이었다. 1952년 부산정치파동 당시 이태영은 난데없이 김활란을 찾아가 이승만 정권과 싸우자면서 무례한 언동을 한 적이 있다. 평소에도 이태영은 김활란의 말을 받아들인 적이 거의 없다.

그리하여 변호사 이태영은 여성계 인사들을 찾아다니다가 1956년 8월, 맨 마지막으로 그 당시 가난한 여성단체였던 여성문제연구원장 황신덕 선생을 찾아가 협조를 요청했더니 흔쾌히 동의하는 것이었다.

오늘날의 가정법률상담소는 여성문제연구원 부설 여성법률사무소라는 간판을 붙이고 을지로 네거리 여성단체협회 빌딩 3층에 있던 여성문제 연구원의 방을 얻어 사업을 시작하게 된 것이다. 원장은 황신덕이 맡고, 이태영은 소장의 직책에 있었으며 그후 5년 만에 좁은 방에서 따로 살림을 냈고, 1966년에는 가정법률상담소라는 사단법인으로 독립했다.

황신덕은 여성을 법으로부터 해방시켜야 한다는 선언을 한 후 대법원, 국회, 최고회의, 행정부, 민간단체 등을 찾아다니면서 여성의 법적 지위 향상을 위해 동분서주했다. 다른 직책들은 말년에 내려놓고, 황신덕은 가정법률상담소 이사장 지위는 종신토록 맡아서 수행했다. 그리고 이태영 변호사가 야당 정치인의 아내이고 민주 투사라서 박해를 받을 때에는 "자네의 바람박이가 되어주겠다"면서 언제나 연하의 이태영을 감싸주었다. (역사학자 허도산은 "황신덕 선생은 언제나 문제의 핵심을 정확하게 파악하고, 추진력이 상당히 강한 여성이다"라고 논평했다)

한국의 여걸 황신덕 선생은 1961년에는 학교법인 추계학원을 설립하여 이사장에 취임하고, 추계국민학교, 추계유치원, 추계예술대학을 설립했다. 1962년에는 문화훈장, 대통령장을 받았다. 1972년 부터 3·1 여성 동지회 회장을 맡아 『한국 여성 독립운동사』를 발간했다. 1984년 11월 22일, 86세로 타계하여 경기도 남양주의 가족묘지에 남편과 함께 합장하여 영면하고 있다. 1984년, 추계 황신덕 선생 기념 사업회에서 선생의 유고를 받아 『무너지지 않는 집』을 발간했다.

최금순

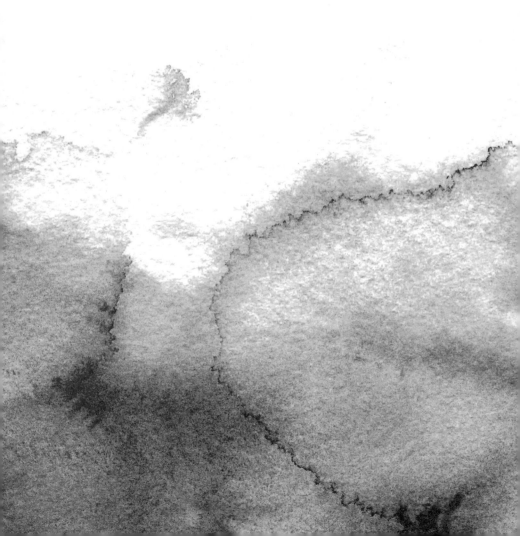

한국의 대수재이고, 개화 선각자이고, 여성 교육자이신 최금순 선생은 1913년 한학자이고 사업가이던 부친 최상익 선생과 모친 하동 정씨 부인의 2남 1녀의 장녀로 서울에서 출생했다. 본래는 여동생이 있었지만 유아기에 생애를 마쳤다.

최금순 선생의 본관은 전주(全州)이다.

조선시대 중기 병자호란 당시 영의정을 지낸 창랑(滄浪) 최명길 선생이 있고, 손자 최석정도 영의정을 지냈다. 최금순 선생은 영의정 최명길 선생의 후손이다. 최금순 선생의 모친은 하동 정씨 부인이다. 영의정 정인지의 가문이다.

최금순 선생은 20대에 걸쳐 서울에서만 살아온 그야말로 순 서울사람이다. 서대문구 홍파동, 정동, 연지동, 황금정(을지로 3가, 을지로 4가), 중구 광희동, 효자동, 공덕동, 명륜동 등에서 살아왔다. 최금순 선생의 부친은 한학자이면서도 당시로서는 드물게 사람을 두고 남대문 시장에서 포목상과 모포전을 운영했다.

그 당시에는 서울에 덕수, 교동, 재동, 미동, 수송, 종로, 어의동(효제), 혜화보통학교 등이 있었다. 최금순 선생은 한학을 공부하고, 최고의 명문 보통학교인 덕수보통학교에 수석 입학하고, 우등으로 졸업했다.

최금순 선생의 덕수보통학교 후배로는 신재덕(이화여자대학 음악과 교수, 피아니스트, 오재경(동아일보 사장 부인), 이덕자(아동복 가게 운영), 오임순(경기여고 30회 졸업생, 장충동에서 음식점 운영) 선생 등이 있다. 그 당시에는 보통학교(소학교)에도 시험을 보고 들어가고, 공부를 못하면 진급과 졸업이 안 되었다. 공부를 잘하면 월반(越班)도 되었다.

경기여고는 1908년 종로구 당주동 옛날 공조 자리에서 관립한성고등여학교로 시작하여 1910년 한일합방이 되고 나서 공립경성여자고등보통학교(경기여고의 전신)로 개명하고, 종로구 재동(조대비의 친정집)으로 이전했다. 그후 경성여고보(경기여고의 전신)

는 1945년 9월 8일 종로구 신문로 정동 옛날 제일여고(일본인 학교) 자리로 이전했다. 그리고 1970년대 평균화되고 나서는 강남구 대치동으로 이전했다. 일제시대 경성여자고등보통학교는 90명을 모집하는데, 함경도에서 제주도까지 13도의 수재들이 30대 1의 치열한 경쟁을 거쳐 들어오는 최고의 명문 학교였다.

최금순 선생은 전국 최고의 수재 학교인 경성여자고등보통학교(경기여고의 전신)에 수석으로 입학했다. 수험번호는 302번이었다. 그 당시 교장 어윤적 선생, 손정규(孫貞圭) 선생, 임순분 선생, 일본인 여자 선생, 미국인 여자 선생 등도 있었다. 그리고 1920년대 말 영국인 여자 비행사 2명이 학교에 와서 강연을 하고 간 적도 있다.

동기 동창생으로는 최금순(崔金順) 선생, 박찬주(朴贊珠) 선생(운현궁 이우공 전하의 부인), 공창임(孔昌姙) 선생(개성부자, 공진항 농림장관의 여동생), 이인남 선생(전 대법원장 민복기의 부인), 박홍득 선생(한영협회 부회장, 전 한국은행 총재 김유택 씨 부인), 홍복순 선생(전 경기여고 농구선수), 김월득 선생(전 장안국민학교 교장, 검사 부인), 양부미(梁富美) 선생(전 교육 감, 경기고교 교장 김원규 선생의 부인), 유수경 선생(조선일보 회장 홍종인 선생의 처제), 이용희 선생, 유근숙 선생, 호인자(종교연구가), 손경숙 선생(주부) 등이 있다.

최금순 선생이 가장 극진하게 총애했던 동창생은 운현궁

의 여주인이 된 박찬주 여사이다. 절친했던 동기생으로는 박찬주, 공창임, 이인남, 박홍득, 홍복순, 유수경, 이용희, 유근숙 선생 등이 있다. 우봉 이씨 집안의 5남인 이병도 교수(역사학자, 전 문교장관)의 둘째 형님의 장녀가 이인남 여사이다. 전 대법원장 민복기 씨의 부인이 이인남 여사이다. 최금순 선생과 절친했던 이인남 여사는 계모가 들어와 며칠 앞둔 졸업도 안하고 결혼하게 만들었다. 이인남 씨는 절친한 친구 최금순 선생 집을 찾아와서 눈물을 지으면서 신세한탄을 하고, 며칠 동안 하소연을 하고 돌아간 적도 있다. 이인남 여사는 단시 경성제국대학 학생이던 민복기 씨와 결혼하여 훗날 민복기 대법원장의 부인이 되었다.

1932년 최금순 선생은 경성여자고등보통학교를 졸업했다. 제22회 졸업생이고, 90명이 졸업을 했다. 이어 일본 동경여자고등사범학교에 들어갔다. 동경여자고등사범학교 출신으로는 손정규(경기여고 출신), 김순영(정신여고 출신), 김삼순(경기여고 출신), 송금선(경기여고 출신), 현병진(경기여고 출신), 최혜숙(숙명여고 출신), 이윤경(경기여고 출신), 강성희(이화여고 출신) 등이 있다. 남자 동경고등사범학교 출신으로는 함석헌, 백철, 최규하 등이 있다. 나라(내량)여자고등사범학교 출신으로는 표경조, 주월영, 임옥인, 강성일 등이 있다.

최금순 선생은 동경여자고등사범학교, 우에노음악학교, 벨트라메리음악대학원에서도 수학했다. 최금순 선생은 경성여자고등보통학교와 숙명여자전문학교에서도 학생들을 지도했다. 최금순 선생은 체신국에도 들어갔다. 절세미인이고 독특하고 아름다운 음성을 가진 여성이었다. 금융조합에도 들어가 금융조합 이사도 지냈다.

그때 금융조합에는 김유택(초대 부총리 겸 경제기획원 장관)과 원용석(부총리 겸 경제기획원 장관)도 금융조합의 동료 경제인으로 있었다.

1940년대 초 최금순 선생은 한학자이고 법학자인 우당(宇堂) 허비(許秕) 선생과 결혼했다. 경성서비스 사장 정무묵 씨가 결혼을 주선해 주었다. 경성서비스 정무묵 사장의 대고모 할머니의 따님이 최금순 선생이다. 우당 허비 선생과 정무묵 사장은 경성제일고보(경기고교의 전신) 시절부터 잘 아는 동창이었다. 을지로 6가에 있는 경성서비스회사는 자동차 수리업, 외제차 수입, 버스를 만들어 팔기도 하고, 산소용접, 전기용접도 했다. 그 당시 서울에서 자동차 수리업을 하는 회사는 6군데 정도였는데 허비 선생의 든든한 배경으로 경성서비스는 거의 독립을 하여 재산을 많이 치부했다.

1941년 12월 8일 태평양전쟁이 일어나자 조선인 청년들이 강제로 남방에 징용으로 끌려갔다. 최전선이고 징용으로 가게 되면 돌아오지 못하는 사람들이 많이 있었다. 배경이 있고, 아는 사람이 많은 한학자 허비 선생은 처남 최정하(崔廷夏)와 유재흠은 징용에 안 나가고, 안전한 사쿠라광산으로 가도록 하여 위기를 모면했다.

유재흠은 독립운동가의 자손이고, 전 국방장관 유재흥의 친척이었다. 수필가 전숙희 씨의 남편 강순구도 징용에 가게 되었으나 경찰이 계속 10개월 정도 연기를 해주고, 해방이 되어 살아날 수 있었다. 서울대학교 법과대학 임원택(林元澤) 교수도 남방에 끌려가게 되었으나 일본인 상관이 심사하던 중 자네의 학력(동경제국대학)이 너무나도 화려해서 안전하게 후방으로 빼돌려 주기로 했다고 하여 살아났다. 민족진영의 지도자 허헌, 조병옥, 송필만, 허정, 이기붕 씨 등은 충북 청석 광산에서 일하는 체 하면서 일제의 탄압을 모면해 보려고도 했었다. 하여튼 남편 허비 선생은 조선인 청년들이 남방에 끌려가지 않고 안전한 후방에 배치되도록 도와주어 그 가족들은 은인이라 감사하게 생각했다.

한학자이고 법학자인 허비 선생은 경제개발 3개년 계획과 새생활운동을 입안·작성했다. 허비 선생은 한때 정상희, 윤원선, 한희석, 이언진, 정준채 등을 부하 직원으로 데리고 있던 적도 있었다.

한편 최금순 선생은 교사, 체신국, 금융조합 등에 다니면서

가장이 되어 친정 가족을 이끌어갔다. 삼촌, 숙모가 어린 3형
제를 두고 일찍 생애를 마쳤다. 20여 년 연상의 최금순 선생
은 3세, 5세, 7세 된 나이 어린 사촌동생을 직접 가르치고, 성
인이 되도록 양육을 하며 부모 역할을 했다. 10여 년간 친정
을 경제적으로 도와주고, 친정에 큰 집을 사주고, 오빠와 남
동생의 취직을 주선해 주었다. 그러고는 결혼을 하여 효자동
에서 신혼 생활을 하고, 공덕동으로 이사를 갔다.

8·15 해방

1945년 8월 15일 해방이 되고, 9월 8일 미 제24 군단장 존
R. 하지 중장이 지휘하는 미군이 한국에 들어와서 미군정을
실시했다.

이에 앞서 1945년 8월 6일 일본 히로시마(廣島)에 원자폭탄
이 투하되어 일본 육군 중좌(中領)이던 이우공(公) 전하가 아깝
게도 생애를 마쳤다. 그리고 해방되고 난 후 서울에서 육군장
으로 거행되고, 양주군 선영에서 영면하고 있다.

박찬주 여사는 연상의 최금순 선생에게 정신적으로 의지하
고, 정신적 지주로 생각하고 모든 일을 의논하면서 살아나갔
다. 미군정에서는 한 개인이 이런 큰 집을 가져선 안 된다며 운
현궁은 친일파 집단이라면서 국유재산으로 하여 빼앗으려고

했다. 박찬주 여사가 도와달라고 하자 최금순 선생은 변호사 자격이 있고, 법학자 출신인 남편 허비 선생과 상의한 후 박찬주 여사에게 다음과 같이 요령을 알려주었다.

국왕 고종은 조대비의 양자가 되어 현종의 뒤를 이어 받은 것이다. 운현궁은 대원궁의 장남 이재면의 개인집이고, 손자 이준용이 물려받고, 의친왕의 차남 이우공 전하가 큰집에 양자로 들어가서 물려받은 것이다. 그래서 운현궁은 여주인 박찬주 여사의 개인 재산이라고 했다. 그리하여 박찬주 여사는 최금순 선생의 지원을 받아 미군정이 차지하지 못하게 했다.

그 무렵 이승만 박사는 운현궁 여주인 박찬주 여사의 차남 이장을 그의 양자로 삼기를 간절하게 원했지만 박찬주 여사가 동의하지 않았다. 운현궁에서 박찬주 여사는 시할머니, 시어머니를 모시고, 3명의 여주인이 있고, 어린 아들 2명을 데리고 사는데, 선뜻 차남을 이승만 박사의 양자로 주고 싶지 않았던 것이다. 그때 이승만 박사의 제안을 받아들였더라면 박마리아가 그의 장남을 경무대에 들여보내 인의장막으로 둘러싸여 이승만 정권이 처참하게 끝나지도 않았을 것이고, 이장이 미국에서 교통사고로 타계하는 일도 없었을 것이다.

그렇게 되자 부산 피난 시절 이승만 정권에서 운현궁을 몰수하려 들어 최금순 선생은 신익희 국회의장과 국회의원을 동원하여 몰수하지 못하게 박찬주 여사를 도왔다. 9·28 수복 이후 이승만 정권에서 다시 몰수하려 했으나 야당 민주당 의원과 무소속 의원들이 저지하여 박찬주 여사의 개인 재산으로 확정되었다. 그리하여 박찬주 여사는 운현궁의 여주인으로 왕가의 마나님으로 위엄과 품위를 간직하면서 그대로 운현궁에 살 수 있었던 것이다.

전 주일공사와 전남방직회사 사장을 지낸 김용주 씨는 이런 말을 했다. "일제시대처럼 질서가 잡혀 있고, 맡은 일을 성실하고 정직하게 하면 사업에 성공할 수 있었다. 그러나 해방 후 난세(亂世)이고, 사기, 협잡, 거짓말이 자행되는 세계에서는 정직, 성실만으로 성공하기 어려웠다. 그리하여 청년들에게 하고 싶은 말은 정직과 성실을 고수하되 남이 나를 어떻게 보느냐에 따라 처세하기 바란다"고 증언했다.

불로양조장의 박주명 사장이 비용을 대고, 순수한 한학자 허비 선생, 이학 박사 조광하, 공학 박사 김광식 선생 등이 한때 사업을 하던 일(비행기 부품, 그릇, 카로피스(음료수))은 적성에 잘 안 맞는 일이었다. 최금순 선생의 오빠 최영하(崔永夏) 씨와 남동생 최정하(崔廷夏) 씨가 일제 말기에서 6·25 남침전쟁 직전까지 하던 자동차 수리, 외제차 수입, 버스 제작 사업은 크게 번창하여 친정집에는 많은 손님들이 찾아왔다.

한편 미국에서 항일운동을 하고, 특수 군사교육과 훈련을 받고 버마 전선에 참전했던 장석윤 선생은 치안국을 창설하고, 첩보기관인 대한관찰사(관찰국) 대표, 사정국장, 치안국장, 내무차 관, 내무장관, 국회의원을 지냈다. 경성제일고보 동창인 장석윤 선생의 간청으로 허비 선생은 사정국에 잠시 참여했다. 그후 한학자이고 법학자인 허비 선생은 치안국장, 내무장관 제안을 받았으나 적성에 맞지 않아서 사양했다.

그 당시 청년단체로는 이범석의 민족청년단, 지청천의 대동청년단, 선우기성, 문봉제의 서북청년단, 유진산의 청년조선총동맹, 강낙원의 국민회청년단, 한학봉의 대한독립청년단 등이 있었다. 이승만 박사의 간청으로 모든 청년단체가 대한청년단으로 통합되었다.

우당 허비 선생은 대한청년단의 단장이 되었다. 그러나 사람들이 너무 많이 찾아오고, 자금이 많이 들어 잠시하고 그만두었다. 그리고 대한청년단 종로지구 단장이 되었다. 청년단체가 주관한 강연회에서 연사 우당 허비 선생과 운석 장면 선생은 이승만 박사의 단독정부 주장을 받아들여야 한다고 했다.

한학자 허비 선생은 운석 장면 박사가 서울 종로 을구에서 제헌 국회의원에 당선되도록 도와주고, 장면 박사가 초대 주미대사로 나갈 때는 생활비도 지원해 주었다.

1950년 5월 30일 제2대 국회의원 선거가 실시되었다. 경제와 문화의 일번지인 서울 중구 지역에서는 임정요인 최동오, 미군정 인사처장 정일형, 백인제(외과의사), 문봉제(서북청년단장), 청년 김현 등이 출마했다. 서울 중구 지역은 일본인이 남기고 간 적산(귀속재산)을 서울, 경기도, 충청도 출신들이 일본인들에게 싸게 산 적산을 평안도, 함경도 이북에서 내려온 사람들이 차지하려 하여 10여 년간 극한 분쟁이 있던 지역이었다.

어느 날 서울 중구 광희동에 사는 최금순 선생의 모친 황금정 정씨 할머니 댁에 정일형 후보가 찾아와서 "할머니 도와주세요"라고 말했다. 대원군 시대를 살았던 황금정 정씨 할머니는 "지금까지 보아온 사람 중에 정일형 씨는 귀공자 형이고 인상이 좋다. 정일형 씨는 평안도 사람 같지 않고 충청도 사람 같다. 친척과 주위 사람들에게 적극적으로 정일형 씨를 도와주라"고 했다. 최금순 선생의 남편 허비 선생도 정일형 씨는 평안도 사람 같지 않고 충청도 사람 같다고 했다. 최금순 선생의 모친(정씨 할머니)과 남편 허비 선생의 판단은 적중했다.

정일형 씨는 그의 할아버지 때 의병 활동을 하려고 황해도 은율과 평안도 진남포 사이의 제도에서 살았다. 정일형 씨는 전라북도와 충청남도 사이에 흐르는 금강 이북 논산에서 조상 대대로 살았다고 하여 아호가 금연(錦淵)이다. 정일형은 나는 본래 충청도 논산 사람이라고 했다.

선거에서 정일형 후보가 악전고투하자 보다 못해 연희전문학교 시절의 옛 은사이신 한학자 정인보 선생이 찬조연사로 나서 정일형 후보를 도와달라고 연설하기도 했다. 황금정 정씨 할머니와 한학자 정인보 선생의 지원으로 정일형 후보는 간신히 제2대 국회 의원에 당선되었다. 그후 정일형 의원은 8선 의원이 되고, 외무부장관을 지냈다.

1949년부터 1년간 동경의 맥아더 사령부에서는 미국무성, 국방성에 1천여 통의 전문을 보냈다. 그중에는 임표가 지휘하는 제4야 전군이 중국 남부 복건성에서 만주로 이동하고 있다. 그리고 1950년 6월에 한국에서 전쟁이 일어날 것이라고 정확하게 알려주었다.

그러나 이 소중한 전문은 무용지물이 되고 말았다. 미국 UPI(유피아이) 통신사 사장 휴베리 씨는 미국이 한국에서 전쟁이 일어날 것을 몰랐던 것이 아니라 한국에 관심이 없었다고 회고했다.

6·25 남침전쟁이 일어나기 직전에 영특하고 세계 정세에 정통한 최금순 선생은 남편에게 대구, 부산으로 피난을 미리 가자고 요청을 했었다. 그때 남편 허비 선생이 즉시 받아들였더라면 소중한 재산도 간직하고, 고생도 안 했을 것이다. 그러나 남편 허비 선생은 "나는 이승만 정부에서 벼슬한 적도 없

고, 아무런 잘못이 없으므로 피난을 가지 않겠다"고 했다. 그리하여 공산군이 서울을 3개월 동안 차지하게 되자 재산도 없어지고 무진 고생을 하게 되었다.

고려피혁주식회사 조원복 사장 집안은 피난을 해야 한다는 최금순 선생의 제안을 받아들여 대구로 피난을 가서 사업이 번성할 수 있는 기반을 구축하여 최고의 피혁회사를 만들었다.

공산군이 서울에 들어온 어느 날 당시 국군이던 시댁 조카 최호규가 난데없이 명륜동에 나타났다. 외숙모이신 최금순 선생은 조카에게 민간인 의복을 입게 하고 군복을 아궁이에 넣고 불태웠다. 그리고 안전하게 숨겨주었다. 그후 변장하여 무사하게 고향 강릉으로 돌아가게 해주었다. 최금순 선생이 양육했던 첫째 사촌동생 최종하는 전국 조각대회에서 일등을 했다. 그런데 최종하는 6·25 전쟁 때 참전하여 행방불명이 되었다. 둘째 사촌동생 최성하는 전투경찰, 해병대에 들어가 참전했다. 미 제8군에서 30여 년간 그림을 그렸으며, 미국으로 이민을 갔다. 셋째 사촌동생 최경하는 피난 시절 동안 데리고 다녔다. 그후 그는 공장에서 기술자, 사업가로 일했다.

최금순 선생 가족은 경성서비스 정무묵 사장의 집 지하실로 피신하여 위기를 모면하기도 했다. 공산군이 서울을 차지하고 있을 당시 포용력 있는 허비 선생과 영특한 최금순 선생은 거의 기적적으로 살아날 수 있었다. 경성서비스 정무묵 사장 덕분에 홍화공작소 대표 양춘선은 살아날 수 있었다. 허비 선생과 최금순 선생은 수많은 민족진영 인사들이 생존할 수 있도록 도와주었다.

1950년 9·28 수복이 되자 이번에는 우익 단체, 육군 특무대, 헌병 사령부에서 경성서비스 정무묵 사장과 친인척, 사위 권이혁을 처단하려고 했으나 허비 선생과 장택상 국무총리가 군인들을 잘 설득하여 살려주었다. 육군 특무부대장 김창룡은 미군정 수사국장 최능진, 고려대학교 영문과 교수 이인수, 연합신문 주일특파원 정국은 등을 처단했다. 대검 강경파들은 전 동대문경찰서장 김정재를 처단했다.

1951년 1월 4일 중공군의 침략으로 서울을 내주게 되자 최금순 선생 가족과 친정 사람들은 경기도 화성군 반월면 석호리로 피난을 갔다. 이 동네는 오빠 최영하의 후배 손상 씨의 고향이었다. 남편과 오빠는 대구와 부산으로 피난을 갔다. 남편 허비 선생의 친구 김준원은 황해도 출신으로 독일 베를린대학을 졸업하고 독일 여성 루이스와 결혼하여 딸 2명을 두었다. 그런데 김준원 씨가 납북되어 루이스 여사는 혼자가 되었다. 미군정 국장이던 친구 이한일도 납북되었다. 소설가 이광수도 납북되어 허영숙 여사도 혼자가 되었다. 친척 허영숙 여사, 독일 여자 루이스, 이한일의 부인 등 혼자가 된 여인들이 허비 선생과 부인 최금순 여사의 명륜동 이웃집에 살면서 인생 문제를 의논하고, 정신적으로 의지하면서 살았다.

최금순 선생의 남편 허비 선생은 5개 국어를 하는 어학의 천재였다. 그리하여 미 제8군 사령관 밴플리트 장군, 24공병단 먼스키 사령관의 고문이 되어 독일 여성 루이스 여사와 함께 미 제8군 사령부와 24공병단에 함께 일했다.

부산 피난 시절 유진오 교수는 고려대학교 총장 겸 전시종합대학 총장(서울대학교, 고려대학교, 이화여자대학교, 숙명여자대학교)을 겸하고 있었다. 그때 유진오 총장은 두 번째 부인 박복례 씨가 타계하여 외로운 생활을 하고 있었다. 유진오 총장은 허비 선생께 고려대학교 교수를 맡아달라고 간청했으나 말년에 훈장은 안 하겠다며 사양했다. 만약 고려대학교 교수 제안을 받아들였더라면 유진오 총장 다음으로 허비 선생도 고려대학교 총장이 되었을 것이다.

1959년 말 이승만 대통령은 정일권 대장에게 장군들을 동원하여 통일당 부통령 후보 김준연(金俊淵) 선생을 부통령이 되도록 비밀지령을 내렸다고 한다. 그런데 박마리아, 프란체스카가 눈물 어린 애원을 하여 이기붕이 나서도록 내버려 두었다는 것이다. 만약 그때 제갈공명이 읍참마속하여 마속을 처단한 것처럼 이승만 대통령이, 심신이 쇠잔한 이기붕이 사퇴하도록 결단을 내렸더라면 김준연 선생이 정권을 장악하고 역사는 다르게 전개되었을 것이다. 그렇게 되면 대수재 김준연 선생, 허비 선생, 최금순 선생은 실력을 제대로 발휘하고 대성공을 했을 것이다.

1960년 7월 27일 국회의원 선거로 장면 민주당 정부가 출현했다. 그전에 경제개발 3개년 계획과 새생활운동은 최하영 전 심계원장과 허비 선생이 입안·작성한 것이 있었다. 한학자이고 법학자인 허비 선생은 상공 장관 이태용, 주요한, 재무 장관 김영선, 부흥 장관 태완선에 각 분야를 맡도록 하고 내용은 첨가하고 보강하여 허비 선생이 총지휘하여 장면 정권의 경제개발 5개년 계획과 새마을운동을 입안하고 작성했던 것이다. 국토건설단장은 장준하, 고문은 함석헌이었다. 장면 정부에서는 경제개발 5개년 계획을 시행하고 있었던 것이다. 박정희 정권이 남의 작품을 도용하고 마치 그자들이 한 것처럼 허위 선전을 하고 있는 것은 가증스러운 일이었다.

남편 허비 선생은 말년에 최남선, 권상로, 이훈구, 안인식, 김준연 선생 등과 고전 편찬에 관여했다. 가락종친회 고문, 양천허씨종친회 고문, 양천허씨종친회장, 허초당공종회장, 경기고등학교동창회 고문 등을 지냈다.

서울약대 교수이던 전풍진 씨가 실수로 살인소주를 만들었다고 잡혀갔다. 허비 선생은 실수로 배합을 맞지 않게 한 것이라고 고위 관계자에게 말하여 풀려나게 해주었다. 낙동강의 남주교다리, 한강교의 와꾸 짜는 것은 홍화공작소 양춘선의 간청으로 내무장관 장석윤 씨에게 말하여 공사를 받게 해주었다. 국학대학교 교수 양희석 씨가 혼자 어려운 생활을 할 때 집을 마련하도록 도와주었다.

최금순 선생은 경기여고 후배(치과의사 손의명의 모친)가 찾아와서 도와달라고 간청하여 그녀의 가족들이 5년간 와서 살도록 해주었다. 최금순 선생은 어느 날 동네 박찬기라는 소년의 모친이 조모가 금전 관계로 언쟁하는 것을 보았다. 그리하여 철강회사에 다니던 최금순 선생은 철강회사 사장, 중역실의 테이블보, 의사, 책상을 둘러싼 헝겊을 가지고 와서 박찬기 학생 모친에게 받도록 하고 나서 회사에 갖다 주고 1개월치로 계산하여 10여 년 생활비를 보태주기도 했다. 최금순 선생은 남편이 납북되어 혼자가 된 여인, 가난한 여인, 고독한 여인, 전쟁고아, 노인 등을 많이 보살펴 주었다.

최금순 선생은 삼척 출신 김정남 의원의 작은 누나 김순옥 씨가 혼자가 되어 어린 아들 2명과 사는 것을 보고 친딸처럼 많이 보살펴 주었다. 최금순 선생은 1950년대 한때 하숙, 자취를 친 적이 있다. 그 당시 서울대학교 의과대학 학생이던 유용근, 정영환, 성균관대학교 학생이던 김판호, 유상근, 방명석 등은 지금도 최금순 선생의 따님과 연락을 하고 있다.

최금순 선생은 한국전력 사장 김상복 장군의 부인, 고려피혁주식회사 사장 조원복 씨 부인, 농협 야구감독 조윤식의 모친 백정애 씨, 서울대학교 불문과 교수 김붕구 씨 부인 윤정선 씨, 경성서비스 사장 정무묵 씨 부인, 동아출판사 편집국장 김사영 씨 부인, 치과의사 손의명(경기고교 58회 졸업생)의 모친, 안기준(경기고교 60회 졸업생)의 모친, 박찬기(삼성시계 과장, 시계회사 대표)의 모친 이신덕, 김시영 약사의 모친 김순옥 씨 등 수많은 동네 여인들에게 학문을 지도했다. 그리고 고려피혁주식회사 사장 조원복 씨의 따님 조형숙, 조형순, 조형경, 조남숙, 조형인 등 수많은 학생들을 지도했다.

최금순 선생이 경애하는 여성은 엘리노어 루즈벨트 여사, 영친왕비 이방자 여사, 자유 중국의 송미령 여사, 영국 여왕 엘리자베스 2세 그리고 절친한 여성은 운현궁의 박찬주 여사, 공창임, 이인남, 박홍득, 홍복순 선생이다. 아껴왔던 후배로는 경기여고 교장을 지낸 현병진 선생, 여화여대 음악대학 교수 피아니스트 신재덕 선생, 소프라노 서울음악대학 성악과 교수 이관옥 선생 등이 있다.

서울 종로구 명륜동, 혜화동 사람들은 한학자이고 법학자이신 우당 허비 선생의 부인 최금순 선생, 효제국민학교 교장을 지낸 지기룡 선생의 부인 정명악(정수자) 선생(숙명여고 출신)은 한 나라의 국모 같은 여성이라고 예찬을 했다. 경기여자고등보통학교 출신의 10대 대수재로는 손정규, 고황경, 김삼순, 박찬주, 최금순, 안인자, 박정숙, 장병혜, 이범준, 김영순(金榮淳) 선생 등이 있다. 최금순 선생은 1971년 5월 하순 뇌일혈로 생애를 마쳤다. 슬하에는 2남 1녀를 두었다.

구한말 재상과 특진관을 지낸 조병세 선생의 장손 조정호 씨(고려 피혁주식회사 사장 조원복의 부친)가 제일 먼저 대학병원을 다녀갔다. 건국의 원훈 낭산 김준연 선생, 서울의대 교수 이국주 박사, 화신산업 고문 백종락 선생, 유달로 선생, 이용희 선생, 경기여고 출신의 박홍득 여사, 유근숙 선생, 마지막 날에는 농협 야구감독 조윤식의 모친 백정애 여사, 부산에서 올라온 경기여고 농구선수 홍복순 선생 등이 다녀갔다. 남편 우당 허비 선생은 부인 최금순 선생이 가시고 나서 16년을 더 살고 1987년 2월 중순에 생애를 마쳤다.

고황경

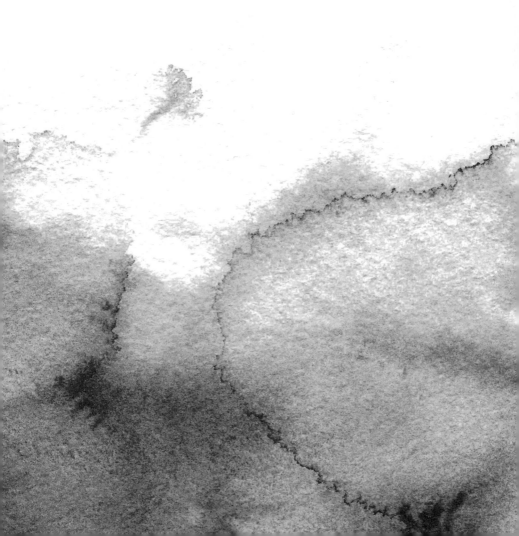

개화 선각자이고 교육자이고 사회 사업가이고 경기여고 교장, 서울여자대학교 명예총장(서울여자대학 설립자)을 지낸 고 황경(高凰京) 박사는 1909년, 부친 고명우(高明宇) 박사와 모친 김세라(金世羅) 여사의 1남 3녀 중 차녀로 서울에서 출생했다.

고황경 선생의 가문은 판서를 지낸 양반으로 한국에서 제 일 먼저 세운 황해도의 소래(송천)교회에 참여하여 기독교 신 자가 되었다. 고황경 선생의 조부이신 고학윤은 한학자로서 미국인 선교사에게 한국어를 강의해 온 한국어 선생이었다.

고황경 선생의 부친 고명우 선생은 1888년 3월 13일, 부친 고학윤 선생과 모친 안리아(安利亞) 여사의 장남으로 황해도 장연에서 태어났다. 고황경 선생의 모친 김세라(金世羅) 여사는 서울 정신여학교 제1회 졸업생이고 새문안교회 신자였다. 독립운동가 김마리아 여사는 고황경 선생의 당고모님이다. 김순애, 김필순, 김필례 선생 등도 5촌 안에 드는 친척이다.

고황경 선생의 부친 고명우 박사는 황해도 수안군 남정리에 있는 광산촌에 은진여숙이라는 학교를 세웠다. 은진은 그 동네 뒷산의 지명이었다. 고황경은 황해도 수완에서 은진여숙(隱眞女塾)이라는 여학생만을 위한 보통학교를 졸업했다. 일반적으로 기독교 집안의 딸들은 정신, 이화, 배화의 기독교 계통 여학교에 진학했다.

그러나 부친 고명우 박사는 기독교 신자인데도 따님 고봉경, 고황경, 고난경을 관립 경성여자고등보통학교(경기여고의 전신)에 들어가도록 했다. 황해도 수안 광산촌 산골에서 보통학교를 졸업하고 전국 최고의 수재학교인 경성여자고등보통학교의 입학은 고황경의 생애에 일대 새로운 전기를 마련했다. 함경도에서 제주도까지 전국 13도의 우수한 수재들이 20대 1의 치열한 경쟁을 벌여 들어오는 이 학교는 선망의 대상이었다. 고황경의 언제나 의연하고 당당했던 프라이드는 경성여자고등보통학교 시절에 형성되었다고 볼 수 있다.

고황경은 경성여자고등보통학교를 다니면서 일본어에 도통했고, 이는 졸업 후 일본 유학에 유리하게 영향을 주었다. 고황경은 경성여자고등보통학교에서 선택과목으로 조화(造花)를 선택했다.

어느 날 일본어를 배우는 시간에 선생은 일본국기 일장기(日章旗)에 관해 흰색은 깨끗한 일본인을 의미하고, 빨간색은 첫 번째 일출국(日出國)이고 일편단심을 뜻한다고 설명했다. 그리고 나서 그 일본인 선생이 빨간색의 의미를 말해보라고 하자 고황경은 "빨간 색은 위태로운 색을 나타내는 것입니다"라고 말했다. 그러자 일본인 선생은 몹시 진노했다. 어떤 사람에게 그 말을 들었느냐고 추궁하자 사태의 위협을 느낀 고황경은 재치있고 교묘하게 말을 돌려 위기를 모면했다.

"그 말에는 아무런 저의도 없어요. 오늘 전차가 정차를 했는데 그때 누군가가 빨리 기를 휘두르기에 옆 사람에게 물어보았더니 거리가 복잡하여 위험하니 조심하라는 신호라고 하더군요."

고황경의 재치 있는 말재간에 선생은 곤혹스러운 표정을 지으면서 더 이상 힐책하지 않았다. 물론 고황경의 그 말은 집안과 교회에서 들어왔던 말로 반일감정에서 은연 중에 나온 것이었다. 고황경의 경성여고보(경기여고의 전신) 재학 중에 가사 선생은 손정규(孫貞圭) 선생이 있었으며, 동급생으로는 조기홍(趙圻烘)(경기여고 교장 역임) 등이 있다.

1924년 고황경은 경성여자고등보통학교(경기여고의 전신)를 우등으로 졸업하고, 그해 일본 유학을 가서 일본 경도(교토)동지사(도지샤)여자전문학교 영문과에 입학했다. 고황경은 재학 중 항일단체인 근우회 경도지회 재정부 총무를 맡아 활약했다.

1928년 고황경은 일본 경도동지사여자전문학교 영문과를 수석 졸업했다. 1931년 고황경은 일본 경도동지사대학 법문학부 경제과를 수석 졸업했다. 고황경은 일본의 기독교인이자 사회사업가인 가가와 도요히코를 자주 방문했다.

1931년 고황경은 미국 유학을 가서 바버 장학금을 받고, 미시건대학원 경제학과에 입학했다. 1933년 고황경은 미시건대학원에서 경제학 전공으로 석사학위를 받고, 사회학 전공 박사과정 코스에 입학했다. 1935년 고황경은 귀국하여 이화여자전문학교 가사과 과장 겸 가사과 교수로 취임했다. 그때 배운 학생으로는 이태영, 김정옥, 이원숙 등이 있다.

1937년 고황경은 미국 미시건대학원에서 사회학 박사학위를 취득하여 미국에서 여성 박사 제2호가 되었다. (미시건대학에는 한국의 천재 여성 고황경 박사의 기념비가 세워져 있다)

1937년 그해 사회봉사단체인 경성자매원을 설립했다. 1942년 고황경은 경성자매원 영아관을 설립하고 1943년에는 경성자매원 가정료를 설립했다. 앞서 고황경은 디트로이트 소년 심판소 근방에 있던 사회복지관에서 생활하기도 했다.

1933년 고황경은 범죄학 교수와 수강생 50여 명과 함께 남녀 감옥을 견학했는데, 특히 부인감옥(여자감화원)에 깊은 인상을 받았다. 여자감화원은 죄를 징벌하는 것이 아니라 장차 더 나은 사회의 일원이 되도록 지도해주는 특별교육기관의 역할을 하여 고황경은 이에 깊은 인상을 받았다.

1937년 중일전쟁 이후 강화된 일제시대에서는 일제에게 협력을 해야만 사업의 허가와 연속이 가능하게 되었다는 데 한계가 있었다. 앞서 1936년 동아일보가 일장기 말살 사건으로 무기정간을 당한 후, 이듬해 1937년 수양동우회 사건과 청구구락부 사건으로 민족주의 인사들이 대량 검거되었다. 1937년 조선사상범보호관찰령이 시행되어 항일투사들이 밤낮으로 감시를 받고 있었다.

일제는 중국 본토의 침략을 개시한 1937년, 강제로 동화정책을 시행하기 시작하고 황국신민서사를 만들어 학교, 직장, 집회 등에서 낭독하게 했다. 1938년 3월 초순경 일제는 흥업구락부 사건을 날조하여 김준연 등 50여 명을 연행해 갔다.

또한 일제는 조선어 교육 폐지령까지 내리고, 일상생활에서도 일본어 사용을 강요했다. 또한 조선사상보국연맹을 만들어 사상운동의 전력자들을 집단적으로 감시했다.

일제시대 조선의 최정상급 여성 지도자로 명망이 높았던 고황경 여사에 관한 일화도 유명하다. 고황경 박사는 일본 유학 7년, 미국 유학 7년, 미국에서의 연구 5년, 영국에서의 연구 6년 등 세계적인 여성 지도자였다. 포악무도한 일제는 육당 최남선, 고황경 박사를 때려 잡으면 조선인 10만명을 잡아들이는 효과가 있다면서 이들을 극도로 탄압을 했던 것이다.

고황경 박사는 미국에서 배운대로 1936년 한국 여성을 위해 라디오 교육 방송을 하려 했으나 일제가 황민화 정책을 선전해 달라고 하여 거절했다. 또 창씨개명을 하라고 했을 때에는 경기도지사가 일본인 고안언(高安彦) 임을 알고, 경찰에게 "도지사도 고씨인데 도지사의 성을 무시하느냐"면서 재치있게 둘러대고 질책하고, 회피했다. 이어 임전대책협의회에 협력하라고 했을 때에는 몸이 불편하다며 병원에 입원했고, 강연을 하라고 하면 교묘하게 회피하거나 강연에 나가 전혀 다른 내용의 말만을 했다.

고황경 박사의 첫 강연은 1941년 9월 16일 청주에서 열렸다. 고황경 박사는 주로 농촌 부녀자들의 위생, 영양, 건강, 생활개선, 생활태도 등에 관해 말했다. 강연이 끝난 후 일본 경찰은 강연 내용에 황은과 황문에 감사하는 말은 없다고 따졌다.

고황경 여사는 "황은에 감사하는 말은 학교나 관공서 그 이외에도 여러 곳에서 배울 기회가 많지만 나에게 주어진 이 짧은 시간에는 전시 중 체력을 증진하여 애국하는 것이 중요하므로 주로 이점을 강조한 것이다. 나는 일본에 가서 7년간 유학했는데, 그때 이렇게 지도하라는 공부를 많이 했다. 나는 일본에서 공부한 그대로 강연한 것이다"라고 둘러댔다.

그런데도 일제는 고황경 여사를 제멋대로 친일단체의 연사로 발표하곤 했다. 어느 날 서울 종로경찰서 수사과장이 노상에서 "김활란은 말을 잘 듣는데 고황경은 전혀 말을 안 듣는다"면서 극언을 하고 폭행을 하려고 했다. 그리하여 이 사건은 크나큰 파문을 일으켰다. 일본 지식인들과 한국 지도급 인사들의 질책과 항의로 경찰서장과 경찰 관계자들은 정중하게 사과했다.

고항경 여사의 외가 집안만 하더라도 김순애, 김필순, 김필례, 김마리아 여사 등 쟁쟁한 항일 독립운동가들이다. 고황경 여사는 쉽게 친일할 정도로 만만한 사람이 아니었다. 친일단체 명단이나 친일 글은 날조된 것이거나 강요에 의한 것이었다. 일제시대 그 시대를 살아본 적도 없는 철없는 후세 사람들이 친일 인명사전에 적은 것은 가당치도 않은 처사이다. 아무것도 모르면서 정확한 근거 없이 친일 운운을 주장하는 자들이 알고 보면 그 자들의 집안에서 도리어 친일행각을 많이 하는 것을 자주 보게 된다.

경성자매원은 어린 영아들을 치료하고 돌봐주고, 집이 가난한 7세에서 14세까지의 소년, 소녀를 교육하고, 15세부터 40세까지의 부인들을 교육하고, 무료 진료와 건강 교육을 실시했다. 경성자매원은 고황경의 부친 고명우 박사(의사)가 치료해주고, 운영은 이화여전 교수 고봉경, 고황경 자매가 비용을 댔다.

8·15 해방 전야

1945년 8월 6일 히로시마에 원자폭탄이 투하되고, 8월 9일에도 나가사키에도 원자폭탄이 투하되어 그제서야 8월 15일 일본 천황 히로히토(유인)는 미국에 항복을 선언했다. 이에 앞서 8월 13일 경기도지사 이꾸다, 경찰부장 오까 등 조선총독부 관계자들이 송진우에게 정권 인계를 제안했으나 그는 거절했다. 8월 14일에는 김준연에게도 정권 인수를 간청했지만 그도 거절했다. 8월 15일에는 조선총독부 관계자가 여운형에게 정권 인계를 제안하자 그는 쾌히 수락하고 엔도 정무총감을 만나고 나서 건국준비위원회를 조직하고 위원장이 되었다.

9월 6일 밤 조선공산당은 경기여고 강당에서 조선인민공화국 수립을 선포했다. 이에 맞서 9월 7일 민족주의 진영의 송진우, 김준연 등은 국민대회 준비위원회를 조직하고 9월 16일에는 서울 경운동 천도교 회관에서 한국민주당 창당대회가 있었다.

오키나와에 있던 미 제24군단장 존 R. 하지 중장은 미군을 지휘하여 9월 3일 인천에 상륙하고, 9월 8일 서울로 진주하여 미군정을 선포하고 남조선주둔군 사령관에 취임하고 아놀드 소장을 미군정 장관에 임명했다.

10월 16일 이승만 박사가 33년 만에 환국하여 미군 전용기 편으로 여의도 비행장에 내렸다. 중국에서 김구 일행 제1진은 11월 23일에 환국하여 신익희 일행 제2진은 12월 2일 군산 옥구비행장에 내렸다.

1945년 은사이고 대선배이신 손정규(孫貞圭) 선생은 경기사범학교 교장에 취임했다. 고황경 선생은 경기여자고등학교 교장에 취임하여 1946년까지 있었다. 1946년 고황경 선생은 미군정 과도정부 보건후생부 부녀국장이 되어 3년간 있으면서 여성교육, 가족계획, 농촌계몽운동, 불우아동 보호, 공창제도 폐지, 여권 지위 향상을 위해 노력했다.

1946년 5월부터 1947년 8월까지 특히 이승만 박사는 미군정, 미 국무성을 상대로 고독한 투쟁을 하고 있었다. 이승만 박사가 미국과 자유중국(당시 중국본토)을 순회·시찰할 때 고황경 박사도 함께 참여하여 건국을 위해 활약을 하기도 했었다. 1949년 고황경 박사는 미국 프린스턴대학과 콜롬비아대학에서 심리학, 범죄학 등을 연구했다. 고황경 박사는 인구문제와 가족계획에 관심을 갖고 연구했다. 고황경 박사는 3개월의 유럽여행을 계획하고, 1950년 6월, 뉴욕을 떠나 유럽여행을 하기로 했다.

그런데 노르웨이의 수도 오슬로에 도착한 지 하루만에 6·25 남침전쟁이 일어났다는 뉴스를 들었다. (부친 고명우 박사, 언니 고봉경이 납치되었다는 뉴스를 들었다) 덴마크의 수도 코펜하겐에서 고황경 박사는 우연히 영국의 BBC 방송을 청취하던 중 영국 여인 한 사람을 알게 되었다. 그 영국 여성은 영국의 알려진 여성 지도자였다. 그 영국 여성은 그 자신이 유엔 총회로부터 6·25 남침전쟁을 위한 연사로 위촉되었다는 것이다.

이런 인연이 되어 고황경 박사는 영국 군인의 한국 파견을 위한 강연을 요청받았다. 그리하여 고황경 박사는 의외로 유엔 총회의 영국 측 연사가 되었던 것이다. 애당초 순회 강연 일정은 3개월이었지만 영국 사정에 의해 5년 6개월로 연장

되었다. 고황경 박사는 애국하고 국위선양하는 심정으로 거의 900여 차례나 한국을 소개하는 강연을 했다. 당시 영국인 중에는 한국인이라면 미개인으로 간주하는 사람들도 있었다. 그때 영국의 노동당과 공산당은 쓸데없는 질문을 하는 것이었다.

특히 공산분자들 중에는 공산주의 사상을 선전하려고 상습적으로 질문 시간을 악용하는 자들도 있었다.

그때 있었던 질문과 이에 대한 고황경 박사의 대답은 다음과 같다.

(질문) 미군들이 한국 사람들을 그렇게 무참하게 죽이는 것에 대해 어떻게 생각하는가?

(대답) 한국인들이 죽게 된 총책임은 남침을 자행한 북한 공산당에게 있는 것이오. 그 침략을 저지하려고 와서 싸워주는 미국과 유엔에게는 감사할 수밖에 없소. 만약 당신의 원수가 당신 집에 불을 질러 놓았다고 합시다. 당신은 소방서를 찾을 것이오. 그리고 달려온 소방수는 당신 집을 될 수 있는대로 지키려고 애를 쓸 것이오. 그러나 불을 끄려면 당신이 몸에 걸리고 발길에 채이는 기구들이

상하지 않겠는가? 그러나 그 허물이 누구에게 있다고 생각하는가? 불을 질러 놓은 사람인가? 불을 끄는 사람인가? 불을 질러 놓은 것은 소련의 스탈린이다.

(질문) 당신은 맥아더 장군이 만주를 폭격하려고 했던 것에 대해서 어떻게 생각하는가?

(대답) 나는 군사전략가는 아니다. 그렇지만 제2차 세계대전 중에 미국이 호주와 필리핀을 보호하려고 일본 동경을 폭파한 것보다 더 잘한 것은 없다고 생각한다. 전쟁 중에 국방을 신속히 하고 효과적으로 하기 위해 원수의 머리를 치는 것은 꼬리를 치는 것보다 낫지 않겠는가? 중공군은 한국 영토에 선전포고도 없이 불법 침략을 했다. 유엔군과 한국군은 만주에 침공한 적도 없다. 그리하여 맥아더 장군이 만주 폭격과 중공해안을 봉쇄하려는 것은 정당하다고 본다.

이와 같이 고항경 박사는 강연 도중의 질문에 답변을 잘 받아넘겨 영국 청중들을 깜짝 놀라게 했으며 한국의 위상을 널리 선양했던 것이다.

대한어머니회

영국에서 거의 6년간 900여 회의 강연을 끝마치고 나서 고황경 박사는 1957년 가을 귀국했다. 비행기 안에서 앞으로 해야 할 일을 구상하고 있었다. 부친과 언니가 없는 한국, 3년 3개월 간의 전쟁으로 폐허가 되어버린 조국에 들어가서 시급히 해야 할 일에 대한 걱정이 산적했다.

그 순간 여성운동과 가족계획 사업이 아련히 떠올랐다. 비행기가 김포공항에 착륙하자 어머니와 동생이 나와 반갑게 맞아 주었으나 아버지 고명우 박사와 언니 고봉경 씨는 없었다. 부친과 언니가 어이없게도 납북되었고, 집안의 중요한 물건들도 다 쓸어가 버렸던 것이다. 그러나 고황경 박사는 하나님이 주시는 위로를 받고, 의식을 새로 가다듬고 다시 일어났다.

영국에서 돌아온 바로 그 다음날 고황경 박사는 그전부터 잘 아는 강주심, 한소재 등 의사들을 방문하여 가족계획에 관한 그녀의 의견을 말하면서 협력을 요청했다. 그러자 의사 강주심은 고황경 박사에게 여자의사회에 직접 나와서 강연을 해줄 것을 요청했다. 고황경 박사는 그 회합에서 한국에서의 가족계획의 필요성과 상세한 방법론에 관해 피력했다. 그 결과 그곳에 모인 여의사들로부터 열렬한 지지와 성원을 받았고, 그것은 대한어머니회를 태동시키는 계기가 되었던 것이다.

1957년 가을 고황경 박사는 이화여자대학교 사회학과를 개설하고, 이화여자대학교 사회학과 부설 겸 사회학 과장이 되었다. 그해 고황경, 강주심, 한소제, 표경조 등은 함께 여성단체를 조직하기로 합의하고, 그 이듬해 3월 7일 발기인회를 거쳐 1958년 3월 17일에는 대한어머니회를 정식으로 출범시켰다. 각계의 여성 1,500여 명이 모인 경기여자고등학교 강당에서 "강력한 국가는 깨달은 어머니로 부터"라는 슬로건을 걸고 대한어머니회 창립총회가 개최되었다. 총회에서 수석 최고위원에 고황경, 최고위원에 황신덕(중앙여고 설립자), 한소제, 강주심, 표경조(숙명여대 가정대학장) 등 4명이 선출되었다. 또한 총 8장 43조로 구성된 사단법인 대한어머니회 정관을 통과시켜 한국에서 또 한 개의 여성단체가 발족하게 되었다.

대한어머니회의 목적은 여성의 경제적, 사회적, 문화적 자질을 향상시키고, 공익사업을 펼쳐서 복지사회 건설에 공헌하는 데 있었다. 대한어머니회는 가족계획 사업과 같은 어떤 특정 사업만을 그 내용으로 하는 것이 아니라, 여성운동 전체에 걸쳐 사업을 추진했다. 대한어머니회의 사업은 간결하게 요약하면 1) 모자보건 2) 자녀지도 3) 모권 4) 가정경제 등으로 정리할 수 있다.

1965년에는 대한민국 어머니헌장을 제정하여 이를 공포했다. 대한민국 어머니헌장은 전문 7개 항목으로, 그 내용은 여성의 독자적 인격성과 지위 향상, 그리고 어머니로서 누려야 할 복지혜택 증진이라고 규정하고 있다. 이어 다음해에는 이

사회에 어머니 헌장탑 건립이 상정되어 통과되었고, 이를 본격적으로 추진하여 1966년 5월 7일 아름다운 덕수궁 연못가에 대한민국 어머니 헌장탑을 세웠다.

서울여자대학교

1959년 7월, 옛날부터 태능 먹골배로 유명한 태릉 골짜기에 드디어 서울여자대학교의 첫 삽질이 시작되었다. 서울여자대학교 건축 기공식에는 고황경 박사를 비롯하여 건축위원들과 교계의 지도자 들이 참석하여, 기공예배를 드리고 역사적인 작업을 시작했다.

서울여자대학교는 여성 선각자 고황경 박사의 손으로 창설된 학교이다. 태릉 골짜기 35,000평 토지에 건립된 서울여자대학교의 창립 과정은 대략 다음과 같다.

1923년 대한예수교장로회 제12회 총회에서는 여자대학의 필요성을 절감하고 이를 건의하여 위원으로 함태영, 김우연, 서상현 등 3인을 선정했다. 함태영(咸台永) 선생은 판사, 목사, 제3대 부통령을 지낸 독립운동가이다. 당시 장로교는 한국 기독교파 중에서 가장 역사가 오래되고 교회와 교인도 많았지만 교육사업은 미진했기 때문이다.

그러다가 30년이 지난 1956년 2월 16일에서야 대학기성회를 조직하기에 이르렀다. 그리고 부지 선정과 교사건립 사업을 서둘렀다. 그러나 신설대학을 위해 서울 시내에 수만 평의 대지를 마련한다는 것은 간단하고 쉬운 일이 아니었다. 고황경 박사는 되도록 서울 시내에서 멀리 떨어져 있는 경기도 지역을 원했다. 독특한 교육 이념을 실현하기 위해 학생 전원을 생활관에 다 수용하려면 비싸고 복잡한 서울 시내 보다는 경치와 주위 환경이 좋은 서울 교외 경기도가 적합했다.

　그러나 적합한 학교 부지는 쉽게 선뜻 나타나 주지 않았다. 그러던중 안광국(安光國) 이사의 주선으로 경기도 양주군 노해면 공능리(현재 서울시 노원구 공릉리) 즉 태릉에 있는 신학대학교 부지 중에서 약 절반 정도되는 35,000평을 서울여자대학교 부지로 분양받게 된 것이다. 훗날 장로교 계열 신학대학이 광나루 근방으로 이전하게 되자 그 남아있던 부지 절반도 모두 서울여자대학교가 분양을 받게 되었다. 도합 총 75,000평의 대지를 확보하게 된 것이다.

　서울여자대학교가 서강대학교와 숭실대학교보다 더 큰 면적을 갖게 된 것이었다. 그리하여 1959년 7월에는 연건평 920평의 본관 건물을 시공하게 되었던 것이다.

　본관 건물 못지 않게 시급했던 것은 생활관 건립이었다. 이

생활관 건립은 개교와 함께 전체 학생을 수용하여 독특한 교육을 실시하려는 고황경 박사의 구상에 따른 것이었다. 그리고 문교부가 대학 인가의 조건으로 생활관 건립을 들고 있었기 때문이다. 서울여자대학교의 교사 건축에 있어 제일 큰 관건은 기금을 마련하는 일이었다. 각계각층의 협조가 적지 않았지만 그중에서도 여성의 노력이 두드러졌다.

1959년 제15차 유엔 총회에 한국의 민간 대표로 참석한 고황경 박사는 뉴욕에 있는 동안 장로교 선교부 뉴욕본부를 찾아갔다. 그때 고황경 박사는 서울여자대학교의 설립 취지와 생활관 교육 의미를 설명하면서 원조해 줄 것을 간청했다. 그날부터 선교회 여직원들이 적극적으로 앞장서서 "선교회 회원마다 벽돌 한 장씩"이라는 슬로건을 내걸고 모금운동에 나섰다. 이들의 모금운동은 설득력이 있어 무려 20만 달러의 거액을 모금했고, 다음해 현금으로 건축위원회에 송금되었다. 그 금전은 금액도 많았지만 더군다나 여성들에 의해 모은 성금이라는 데 큰 의미가 있었다.

곧이어 대한예수교장로회, 여전도회 전국연합회에서도 서울여자대학교의 건립을 위해 기도와 정성의 헌금을 지원했다. 그러므로 서울여자대학교가 교회 여성의 힘으로 이루어졌다고 해도 과언은 아니다. 더불어 예수님께 옥합을 깨뜨려 부은 여인처럼 자신의 전 생애를 여성 교육을 위해 바친 고황경 박사의 희생적인 노고의 결과였다.

당초에는 이사들이 학교의 이름을 지으려고 상의를 했으나 결국 고황경 박사의 제안대로 '서울여자대학교'로 정하게 되었다. 고황경 박사는 뜻보다는 부르기 좋고, 한글로 쓸 수 있는 '서울'이라는 말을 붙이고 싶어했던 것이다. 고황경 박사의 이러한 생각은 대한 어머니회, 서울여자대학교, 그리고 수많은 강연회를 통하여 국어 순화운동을 전개했던 고황경 여사의 생활이나 교육 안에서 쉽게 찾아볼 수 있다. 1961년 고황경 박사는 뜻과 정성을 담아 교가(校歌)를 직접 작사하고 작곡을 했다.

　한줄기 맑은 샘물 힘차게 솟으니 흐르는 곳곳마다 생명이 새롭다 산마다 수풀들마다 꽃피며 묵은 밭이 옥토 됨은 내 손에 맡을 일어둠이 빛이 되고 썩은 땅은 소금이 되어 반석 위에 집 지음은 우리의 맡은 일부르심 받은 우리 서울여자대학교는 겨레 섬길 참 일꾼을 키우는 복음자리

　고황경 박사는 오랜 교육경험을 통해 "교육은 인간 완성을 위한 한 가지 방편이다"라고 여겼던 것이다. 인간이 올바로 된 후에야 지식도 기술도 인간 행복에 올바로 쓰여진다는 것이다. 서울여자대학교의 교육 목표는 인류와 동포의 행복을 위하여 자발적으로 봉사할 수 있는 지, 덕, 술이 겸비된 여성 지도자를 양성하는 데 있다.

특히 서울여자대학교의 교육의 특성은 생활교육으로서, 학생이 생활관에서 침식을 하면서 실제적인 교육을 받는 데 있다. 서울여자대학교는 수많은 여성 지도자를 키워 각 분야에 인재를 배출했다. 여학생들이 강도 높은 교육과 훈련을 받아 서울여자대학교는 여자 육군사관학교라고 불렸을 정도로 훈련과 단체 생활을 강조했다.

1961년 고황경 박사는 서울여자대학교 초대학장, 학술원 종신회원, 1963년에는 제18차 유엔 총회 한국 민간대표, 대한소녀단 연합회 회장, 1965년에는 대한적십자사 조직위원, 한국여성소비조합 이사장, 1983년에는 독립운동가 김마리아여사 기념사업회 회장, 1984년에는 서울여자대학교 명예회장, 1985년에는 모든 공직에서 은퇴했다. 대한어머니회 회장직은 오순희에게 인계하고 고문이 되었다. 서울여자대학장직은 제7회 졸업생 정구영에게 물려주고 명예학장이 되었다. 1989년에는 서울여자대학교 명예총장이 되었다. 2000년 11월 2일 고황경 박사는 타계하여 마석 모란공원에 영면하고 있다.

고황경 박사의 저서로는 『인도기행』, 『구라파 기행』, 『영국의 눈을 통해본 한국』, 『한국농촌 가족의 연구』, 『오늘의 기도』, 『걸어온 10돌』, 『지도자 수첩』, 『여성과 사회』, 『뜻 있는 삶(고황경 박사 설교집)』, 『나의 설훈집 1, 2, 3권(보이스 간행)』 등이 있다. 수상으로는 1963년 학술부문 문화포상, 1970년 국민훈장 동백장, 1985년 5·16 민족상 교육부문 등이 있다. 일제시대 일본 지식인들이 고봉경, 고황경 여사를 한반도가 배출한 혜성 같은 두 자매라고 예찬했다.

일본에서 전문학교, 대학을 졸업하고, 미국에서 그처럼 고속으로 20대에 박사학위를 받은 분은 동양 여성으로는 오직 고황경 여사 한 분이라는 것이다. 역사학자 허도산(許道山)은 현재까지 만나본 여성 지도자들 중에서 서양 공부를 제일 많이 하신 분이 고황경 여사라 했다. 고황경 박사는 국내, 국외에서 강연한 것이 수천 회로 한국에서 가장 강연을 많이 하신 여성 지도자이다.

그리고 고황경 박사는 당시 최연소자로서 경기여고 우등 졸업생이고, 경기여고 교장과 경운회 회장(경기여고 동창회장)을 지낸 분이다. 그리고 고황경 박사는 경기여고 졸업생 중에서 국가적, 민족적으로 가장 큰 공적을 남긴 여성이다. 국내외에서 가장 널리 알려진 세계적인 대학자이다. 고황경의 부친은 미국에서 의학 박사학위를 받은 고명우 선생이다. 모친 김세라 여사는 정신여고 제1회 졸업생이다. 언니 고봉경 여사는 미국에서 음악대학원을 졸업하고 여화여전 기악과 교수를 거쳐 국립 경찰의 창설자가 되었다. 여동생 고난경은 의학박사로 미국 보건후생성 부녀국장을 지냈으며, 남동생 고원영 교수는 미국 예일대학교 대학원에서 의학 박사학위를 받은 의사다.

장택상

한국의 대수재이고, 개화 선각자이고, 항일투사이고, 대한민국 건국의 원훈(元勳)인 창랑(滄浪) 장택상(張澤相) 선생은 1893년 10월 22일 경상북도 칠곡군 북삼면 오태동에서 경상도 관찰사를 지낸 부친 장승원(張承遠) 선생과 모친 조남철 여사의 3남 2녀 중 3남으로 출생했다. 장택상 선생의 본관은 인동이다.

경상도에서는 대학자 이퇴계(李退溪) 선생, 유학자 장현광(張顯光) 선생, 영의정 유성룡(柳成龍) 선생, 의병장 왕산 허위(許蔿) 선생, 이상룡(李相龍) 선생 등은 대표적인 명문가문이다. 장택상 선생의 10대 조상은 유학자이고 청백리인 여헌(旅軒) 장현광(張顯

光) 선생이고, 조부는 이조판서를 지낸 장석용(張錫龍) 선생이고,
부친은 경상도 관찰사, 특진관을 지낸 장승원(張承遠) 선생이다.

민영휘, 장택상, 전형필의 집안은 조선의 3대 부자이다. 장
택상의 집안은 8만 석을 수확하는 경상도 최고의 부자이다.

1899년, 장택상은 6세 때부터 본격적으로 한학 공부를 시
작하고, 1905년 12세 때에는 사서삼경, 채근담, 명심보감, 당
송팔대가, 한사(漢史), 외사(外史) 등까지 통독하여 동네에서 대
수재, 신동으로 불렸다. 1906년, 13세 때에 장택상은 경상도
칠곡에서 서울로 올라 왔다. 장택상은 그 당시 우남학회(雩南學
會)에서 운영하던 학교에 입학하여 신학문을 배우기 시작했다.
부모의 반대로 장택상은 학비를 마련할 방법이 없어 동가숙
서가식, 친지의 집을 전전하며, 의식의 협조를 받았다. 1907년,
장택상은 14세 때 비로소 단발을 하고, 당시 황성신문 사장
이던 유근(柳瑾) 선생의 경제적 지원을 받았다. 유근 선생은 장
택상에게 중국 보정(保定) 무비학당(군관학교)에 유학을 권유했으
나 장택상은 받아들이지 않았다. 장택상은 농상공부 상무국
장이던 상호(尙灝) 씨의 권유로 일본 유학을 하기로 작정했다.

그리하여 그해 1907년 가을, 일본 야마구치(山口縣, 산구현)로
가서 소학교에 입학하여 일본어 공부를 했다. 그후 다시 동
경으로 가서 6개월 동안 영어, 일본어, 수학을 더 공부하고

나서, 1908년 15세 때 일본 와세다(早稻田)대학에 입학했다. 칠곡 산골소년 장택상의 와세다대학 진학은 그의 생애에 새로운 전기를 마련했다.

장택상은 연상의 송진우, 김성수보다 와세다대학에서는 선배였다. 일본 유학 시절 장택상은 최남선, 이광수, 김성수, 송진우, 안재홍 등과 친교하여 반일 유학생과 항일운동을 했다.

그러던 중 1910년 한일합방이 되자 그해 11월, 안재홍을 통해 중국인 채원배(蔡元培)가 주선하여 중국으로 갔다. 1911년 중국 상해에서 장택상은 영국인이 경영하는 이문사(伊文社)라는 책방에 지배인으로 있는 이위림(李魏林)의 집에서 3개월을 지냈다. 그때 국내의 집에서 상해로 생활비를 보내왔다. 17세의 장택상은 중국 상해에서 러시아의 블라디보스토크로 가서 우연히 이상설(李相卨) 선생과 보성중학교장을 지낸 이종호(李鍾浩) 선생을 만났다.

장택상은 이상설 선생의 주선으로 당시 러시아의 수도인 페테르부르크(현재 레닌그라드)에 가서 노경병원에 있던 항일투사 이갑(李甲) 선생을 만났다. 그 병원에서는 전 보성전문학교 경제학교수 안병찬(安秉瓚) 선생이 이갑 선생을 돕고 있었다.

장택상은 이갑 선생의 주선으로 독일에서 안창호 선생과 베를린대학에 유학하던 김중세(金重世)를 만났다. 그리고 장택상은 이갑 선생의 주선으로 영국 런던에 들어갔다. 그리고 라틴어, 영어를 본격적으로 공부했다.

1912년, 장택상은 대학 입학 준비를 위해 독일어 과외공부를 하고, 1913년에는 영국 에든버러대학교 경제학과에 입학했다. 영국에는 런던대학교, 옥스포드대학교, 캠브리지대학교, 리버풀대학교, 에딘버러대학교, 버밍엄대학교 등의 명문대학이 있다. 전화를 발명한 알렉산더 그레이엄 벨, 철학자 홈즈, 윤보선 등도 에든버러대학교 출신이다. 장택상은 에든버러대학교 고고학과를 나온 윤보선보다는 10여 년 대선배였다.

장택상은 상해 임시정부의 영국특파원, 구미(歐美)위원으로 김규식(金奎植), 이관용(李灌鎔)과 활약했다. 1914년, 장택상은 주로 영국에 있으면서 프랑스, 독일, 스위스 대학에 유학도 갔다. 1917년 9월 28일, 장택상의 부친 장승원 관찰사가 칠곡에서 박상진의 지령을 받은 채기중, 김한종의 피습을 받아 생애를 마쳤다.

1919년 국내에서 3·1 만세운동이 일어나자 4월 14일, 미국에서 장택상은 제1차 한인연합대회를 조직하고, 의장에 서재필 박사, 부의장에는 이승만 박사를 추대하고 사회는 이승만, 정한경이 맡아 하고 나서, 3·1 만세운동을 찬양하는 시가 행진을 벌였다. 장택상은 미국에서 서재필 박사, 이승만 박사, 정한경, 조병옥 등과 만나고, 김규식, 이관용과 함께 구미 위원으로 활약했다.

2월 5일, 장택상은 파리강화회의에 참석하여 영자신문과 잡지 작성에 당시 20만 달러를 이승만 박사에게 기부하기로 약속했다. (이승만 박사 문서에 20만 달러를 수령한 것이 보관되어 있다)

장택상은 영국 수장 로이드 조지의 도움을 받아 러시아 폴틱주에 있는 한국인 340명을 프랑스로 이민하도록 하는 데 성공했다. 파리강화회의에 김규식, 장택상, 이관용, 여운홍이 참석했고, 김규식 위원장과 장택상은 호소문을 작성하고, 비용은 장택상이 지불했다. 장택상의 형님 장길상, 장직상은 봉오동 전투, 청산리 전투 당시 체코제, 러시아제 총칼, 대포 등 무기 비용을 지원했다.

1921년, 장택상은 일본제국호텔에서 낭산 김준연과 극적으로 만났다. 장택상은 11년 만에 영국에서 귀국하여 고향 칠곡에 내려갔다가 서울로 올라왔다. 1930년 6월 12일, 장택상은 경일은행 상무이사로 취임했다. 경일은행은 장길상, 장직상의 민족 자본으로 운영된 민족 은행이다. 장길상, 김준연은 항일 단체인 신간회의 발기인이다. 그러나 1928년에 공포된 신은행령에 따라 조선총독부는 민족계 은행의 말살 내지 통합정책을 강행하여, 1931년 일본인 은행장의 취임을 허용하게 되어 이 은행은 운영의 실권을 일본인에게 찬탈당하게 되었다. 그리고 1933년 12월 일본인 소유의 군소은행인 선남은행(鮮南銀行)과 강제로 합병, 대구상공은행(大邱商工銀行)이라는 새로운 명칭으로 재출발하게 되었다. 이리하여 끝내는 실질적으로 일본인이 완전 지배하는 은행으로 변질했다. 1933년, 장택상은 청계천 근방 수표동 91-1번지 옛날 포도대장이 살던 집으로 이사를 갔다.

1936년 장길상, 장직상은 임시정부에 20만원을 보냈다. 1938년, 김준연이 주도하는 흥업구락부와 장택상이 주도하는 청구구락부는 국내 지도급 인사들은 음식점에 모여 정보교환을 하면서 미국의 서재필 박사와 이승만 박사에게 몰래 독립운동 자금을 보내는 단체였다. 낭산 김준연은 흥업구락부 사건, 창랑 장택상은 청구구락부 사건으로 모진 고문을 받고, 1년간 투옥 생활을 했다. 그해 1938년 12월 11일, 장택상의 모친 조남철 여사가 92세로 생애를 마쳤다.

1941년 12월 8일 하와이 진주만 기습 작전 직후 장택상은 김준연을 그의 집으로 초대한 자리에서 "나는 중국의 중경이나 연안으로 가려 했었으나 진주만 기습 사건으로 미국, 영국과 일본과의 큰 전쟁을 하게 되어 중국으로 가지 않기로 했네. 미국, 영국이 반격을 하여 승리하게 되면 우리 조선이 해방이 되네. 낭산(김준연)과 나는 옛말로 주석지신(柱石之臣)(국가에 기둥같은 신하, 영의정, 좌의정, 우의정)이므로 그때 가서 우리의 실력과 경륜을 발휘하게 될 날이 올 것으로 확신하네"라고 자신있게 피력했다.

일본 외무성에 관리로 있던 장철수도 세계 정세를 송진우에게 알려주어, 송진우도 일본 패망을 확신하고 있었다. 1945년 7월, 장택상은 고향 칠곡에서 은둔생활을 하고 있었다.

8·15 해방

1945년 8·15 해방 직전 조선총독부 관계자들은 송진우, 김준연, 여운형 등의 지도자들에게 정권 인수를 제안했으나 송진우, 김준연은 단호하게 거절했다. 그러나 여운형은 흔쾌히 수락하고, 앤도오 정무총감을 만나고 나서 건국준비위원회를 조직했다.

한편 인촌 김성수는 8·15 해방 3일 전 칠곡에 있는 장택상에게 긴급 전보를 쳐서 상경하도록 했다. 경기도 연천군 전곡에 있던 김준연은 서울로 올라와서 장택상과 만났다.

9월 7일, 김준연은 국민대회 준비위원회를 조직하고, 위원장에는 송진우를 추대하고, 부위원장에는 김준연, 서상일, 외교부장에는 장택상이 맡았다. 장택상은 하지 사령관의 통역과 연합군 환영대회, 임시정부요인 환영대회 행사들을 맡았다.

9월 16일에는 서울 천도교 회관에서 한국민주당을 결성하고 서재필, 이승만, 이시영을 영수, 고문으로 추대하고 송진우는 수석총무(당수대행), 장택상, 김준연은 이사를 맡았다.

10월 17일 하지 사령관의 고문 윌리엄스 대령이 한민당 수석총무 송진우에게 미군정청 경무부장으로 어떤 사람이 적임자일지 의논하러 찾아왔다. 그리하여 그날 밤 송진우의 자택에서 송진우, 조병옥, 원세훈, 윌리엄스 대령 4명이 모여 회담을 하고 돌아갔다. 한민 당에서는 원세훈을 경무부장으로 내정하고 있었다. 그때 김준연은 김성수, 송진우에게 조병옥을 강력하게 추천하여 결국 조병옥은 10월 21일 정식으로 미군정청 경무부장이 되었던 것이다. 그리고 김동성(金東成)(공보처장 역임)은 송진우에게 "장택상 씨는 경기도 경찰부장을 맡아야 한다"고 제안하자 송진우는 "창랑은 장관을 맡을 사람인데, 고작 경찰국장을 하라니 뭔 말이오?"라고 반대하는 것이다. 그러나 김동성은 "우선 치안이 제대로 확보되어야 하며 경기도 경찰부장을 그렇게 우습게 보지 마시오. 경기도 경찰부장(서울시 경찰국장 겸 경기도 경찰국장)도 중요한 직책이오"라고 송진우와는 다른 의견을 갖고 있었다. 이것은 한민당 수석총무 송진우의 중대한 실책이었다.

만약 그때 장택상이 경기도 경찰부장을 맡았더라면 송진우를 철저하게 경호해서 송진우가 피격되는 일은 없었을 것이다. 1945년 12월 30일, 고하 송진우는 서울 종로구 원서동 자택에서 범인 한현우, 유근배의 피격을 받아 세상을 떠났다.

1946년 1월 13일, 장택상은 조계옥의 뒤를 이어 경기도 경찰부장(서울시 경찰국장 겸 경기도 경찰국장)에 취임했다. 당시 서울시에는 경찰서 11개, 경기도에는 경찰서 14개가 있었다.

1946년 1월 18일, 대학교 재학중 학도병으로 군대에 갔다와서 공산분자가 된 학병동맹원들이 광화문 국제극장 앞과 신문로 경성중학교(서울중학교) 앞에서 권총을 난사하여 경기여고 학생과 우익 학생들이 종로와 신문로 노상에 쓰러져 있었다. 눈이 많이 와서 신문로에는 경기여고 학생들이 흰눈과 핏물로 흥건히 적셔져 쓰러져 있었는데 처음에는 치우는 사람도 없었다.

경기도 경찰부장 장택상은 경찰 450여 명을 이끌고 삼청동에 있는 학병동맹 본부를 포위하고 밤중 11시부터 다음날 새벽 6시까지 총격전을 벌여 주동자 박진동을 처단하고 좌익 학병동맹원 800여 명을 체포하여 구속해 버렸다.

이때부터 전국적으로 질서가 제대로 잡혀갔고, 국민이 밤

중에도 안전하게 활보할 수 있게 되었다. 그제서야 공산분자들이 경찰을 두려워하게 되었다. 공산분자들은 경찰에게 돌을 던지고, 칼로 찌르고, 권총을 쏘고, 수류탄을 던지고, 방화하고 못된 행패를 자행했다. 그래서 경찰들이 제복을 입지 않고, 경찰서 안에서만 입기도 했다.

사태가 매우 심각해지자 장택상은 파출소에 대한 포고문을 작성했는데 그 내용은 다음과 같다.

"이 불쌍한 우리 국립 경찰들아 그대들의 몸은 그대들이 보호하라_경기도 경찰부장 장택상"

그리고 장택상은 매일 종로경찰서, 종로 4가에 있는 동대문경찰서, 혜화파출소를 위시하여 각 파출소를 돌아보면서 경찰들이 나왔는지 확인하곤 했었다.

5월 15일, 공산분자들이 경제 질서를 문란하게 하려고 위조지폐를 만들어서, 사상검사 출신의 김홍섭 검사, 조재천 검사와 경찰들이 소공동에 있는 조선정판사 위조지폐 사건을 적발하고 일망타진했다. (조선공산당의 박헌영은 변장하고, 북한으로 도주했다)

10월 1일, 대구에서 공산당 반란사건이 일어나서 장택상은 경찰 500여 명을 보내 폭동진압을 도와주도록 했다. 용산의 철도 파업 때는 장택상의 지휘하는 경찰과 김두한의 별동대가 가서 파업을 분쇄했다. 육군사관학교에 가서 장교, 사병들의 공산분자들도 색출해냈다.

해방 전 중국에서 악곡청 사건이 있었다. 의열단장 김원봉의 부하이고, 민족혁명단원이고, 공산분자인 이운한이 악곡청 건물에서 임정요인 유동렬, 김구, 지청천, 현익철 등에게 권총을 난사했다. 그때 현익철은 즉사하고, 김구, 유동렬, 지청천 등은 부상을 입었다. 그리하여 8·15 해방 이후에도 이때 생긴 부상으로 인해 김구 주석은 건강이 좋지 않아 장택상은 김구 주석을 서울 성모병원에 입원하도록 하고, 병원 비용도 지불하고 도와주었다.

그리고 김구 선생의 큰며느리 안미생 씨가 생활고로 뚝섬 위조지폐 사건에 관련되어 조사를 받게 되었다. 그렇게 되면 김구 선생도 조사하게 되어, 김구 선생의 체면이 말이 아니게 된다. 김구 선생의 체면을 세워주어야 하기에 장택상은 조용히 안미생을 만나 미국에서 편안하게 살도록 교통비, 생활비, 거주비 등을 다 지원해 주겠다고 제안했다. 안미생은 장택상의 제안을 흔쾌히 받아들여 미국으로 가서 다시는 국내에 들어오지 않았다. 안미생은 중국에서 기독교 계열 여학교을 졸업했고 영어를 잘했다.

장택상 피습 미수사건

1946년 11월 13일, 장택상은 오전 8시 30분경, 을지로 2가 전차길 바로 앞 중앙극장 건너편에 있는 공지 부근을 지날 무렵이었다. 그때 괴한 2명이 자동차 정면에 수류탄 2개를 던지고, 권총을 난사했다. 하경사는 범인 한 명을 체포했고, 불에 타고 있던 차 안에서 어린이를 구출했다.

1948년 1월 24일 오전 10시 반경, 장교동의 어느 사진관 앞에서 괴한이 소이탄을 투척했다. 장택상은 부상을 입지 않았으나 2명의 경호원은 손과 머리에 화상을 입으면서 범인 한 명을 체포했다. 이때 장택상은 달리는 자동차 안에서 무심히 담배를 피우고 있었다. 별안간 차창이 쨍하고 부서지면서 쇳덩어리 한 개가 날아와 바른편 손등을 스치면서 발 앞에 떨어졌다. 곧 왼쪽 문을 열고 내리려고 하는 순간, 그편으로 또 하나가 폭발했다. 장택상은 다시 바른편 창문을 열고 피신하면서 범인을 향해 권총 2발을 쏘았다. 장택상 앞에 떨어진 소이탄은 불발탄이었다. 그러나 밖에서 터진 소이탄에 같이 타고 있던 2명의 경호원은 화상을 입었다. 하경사는 재빠르게 뛰어내려 도주하는 범인을 체포했다. 장택상은 공산분자들로 부터 도합 9차례에 걸쳐 피습을 받았었다. 경기도 경찰부장 장택상은 그후 수도 제1관구 경찰청장이 되어 수도청장이라 불렸다.

인촌 김성수도 공산분자들로부터 5차례의 피습을 받게 되었으나 수도경찰청장 장택상의 부하 경찰들이 경호를 잘 해서 사전에 위기를 모면하게 해주었다. 장택상은 삼청동 좌익학병동맹을 분쇄하고 나서 음식점 청향원 뒷방으로 김준연과 백낙승을 초청했다.

태창방직회사 사장 백낙승은 건국준비위원회에 참여하여 몽양 여운형을 지원하고 있었다. 경기도 경찰부장 장택상은 "지금 백낙승 사장이 우리와 같이 살지 않으면 아니 될 것이오"라고 말하고 백낙승 사장이 이승만 박사의 생활비를 대 드리기로 하고, 우남선생조양회장(雩南先生調養會長)으로 지명되었다.

1946년 2월 14일, 민주의원이 성립되었다. 민주의원은 정부를 조직하기 위해 최고 정무위원으로 선정된 것이다. 기초위원은 조소앙, 조완구, 김붕준의 3인이었다. 기초위원들은 대통령은 30년 이상, 국무총리는 20년 이상, 장관 12명도 10년 이상 외국에서 독립운동을 한 사람이라야 될 수 있다는 것이었다. 조소앙은 국내 인사는 차관이나 국장만 하라는 것이었다. 그러자 김준연은 진노하여 "나는 모르겠습니다. 중경에서 온 양반들로만 정부를 조직하시오"라고 말하고 나와 버렸다. 그런데 어이 없게도 그 초안은 그대로 통과되었다. 그랬더니 그후 하지 사령관은 그 초안을 받아보고, 갈가리 찢어 버렸다고 장택상은 김준연에게 그 결과를 전해 주었다.

대한민국 건국

1948년 8월 15일, 대한민국이 건국되고 나서 영어를 잘하는 장택상은 초대 외무부 장관이 되었다. 세인들은 조병옥 경무부장도 경찰의 책임자이고, 장택상 수도경찰청장도 경찰의 책임자여서 내무장관이 될 것으로 예상했다. 그러나 내무장관은 어부지리격으로 난데없이 이승만의 비서이던 윤치영이 되었다. 장택상은 외국어 실력이 뛰어나서 외무장관이 되는 것도 자연스러운 일이었다. 이승만은 조병옥을 특사로 해외로 내보냈다. 이승만은 미국 생활을 39년 했고, 김규식은 어린 시절 선교사 언더우드의 양자가 되어 15년을 함께 살았고, 미국 유학을 하고, 구미위원장도 지냈다.

그러나 하지 사령관, 러치 군정장관, 아놀드 군정장관, 딘 군정장관 등은 한국의 정치 지도자 중에서 영어를 알기 쉽게 제일 잘하는 사람이 장택상 선생이라고 했다.

장택상 외무장관은 일본 외교관 시험에 일등으로 합격하여 어학의 천재로 알려진 장철수(張徹壽)를 초대 외무부 정무국장으로 기용했다. 신인 청년 최운상은 외무부 계장이 되었다. 그러던 중 이승만 대통령은 영국 캠브리지대학을 나온 정항범을 자유중국 대사로 임명하려고 했으나 장택상 외무장관은 정항범은 중국에서 아편 장사를 하여 평판이 좋지 않아 안 된다고 반대를 했다. 이승만 대통령은 증거를 대라 하고, 장택상은 이범석 장군에게서 전해 들었다고 했다. 그리하여 11월 15일, 장택상은 외무부 장관에서 사임했다. 이승만 대통령은 장택상에게 외무부 장관을 그만두라고 한 적이 없었다. 초대 영국대사를 맡으라고 했으나 장택상은 받아들이지 않았다. 그리하여 이승만 대통령은 장택상의 처세에 진노했다. 건국 초기에 해외 공관장을 그의 마음대로 임명하려고 하는 이승만 대통령의 심정을 장택상은 받아들였어야 했다.

1949년 1월, 안동에서 국회의원이던 정현모가 경상도 도지사로 나가게 되어 안동에서 보궐선거가 실시되었다. 장택상과 임영신(任永信)이 국회의원 후보로 출마했다. 장택상이 당선될 것이 분명해 보였다. 그러나 이승만 대통령이 장택상을 뽑아주지 말라고 지령하여 임영신 여사가 당선되었다.

그해 4월, 서울 종로 을구에서는 장면 의원이 초대 주미대사로 진출하게 되어 보궐선거가 실시되었다. 장택상과 이인(李仁) 후보가 대결했으나 역시 이승만 대통령의 지령으로 이인 씨가 당선되었다. 1950년 5월 30일, 제2대 국회의원 선거에서 장택상은 고향 칠곡에서 당선되어 처음으로 국회에 진출했다.

6·25 남침전쟁

1950년 6월 25일 북한의 기습남침으로 6·25 남침전쟁이 일어났다. 6월 27일, 국회에서 신익희 국회의장은 국방장관 신성모와 육군참 모총장 채병덕의 허위 보고를 듣고 나서 국회의원 서울사수 결의 대회를 했다. 즉시 이형근 장군은 신익희 국회의장을 찾아가서 의정부 전선 방어가 불가능하고, 육군본부와 경무대에서도 피난을 갔으니 즉시 서울을 떠나야 한다고 직언을 하여 신익희 의장, 장택상 부의장, 조봉암 부의장은 위기를 모면하고 피난을 갈 수 있었다. 신성모, 채병덕 등 국방관계자의 허위 발언을 믿고 있던 현상윤, 김용무, 백관수, 백상규, 정인보, 이광수 등은 납북되었다.

개전 초기 장택상의 노량진 별장은 김홍일 장군의 시흥지구 전투 사령부로 사용되었다. 시흥지구 전투사령관 김홍일 장군의 7일 간한강 방어선에서 지연 작전을 전개하고, 6사단장 김종오 대령의 5일간 춘천, 홍천에서의 지연 작전을 전개한 것은 미군이 전쟁 7일만에 부산에 들어오는 귀중한 시간을 마련해 주는 전기가 되었다.

영어를 잘하고, 경상도 지형에 밝은 장택상은 낙동강 전선을 시찰하고 미군의 마이켈리스 연대장, 백선엽 제1사단장에게 다부동 지형에 관해 코치해 주고, 조병옥 내무장관이 대구를 사수하도록 도와주었다.

1950년 9월, 장택상, 임병직, 김동성은 제5차 뉴욕 유엔총회에 한국 대표로 참석했다. 10월 16일, 장택상 국회 부의장은 트루먼 대통령과 회담하고 모포, 천막, 담요 등 구호품을 한국에 보내도록 도움을 요청했다.

1951년 3월 14일, 미 제8군 사령관 리지웨이 장군이 수도 서울을 재탈환했다. 주위에서 위험하다고 말렸으나 3월 15일 국회 부의장은 서울을 시찰했다. 8월 20일, 제11회 국회 임시회의에서 장택상 부의장은 송진우 선생의 암살범 한현우, 김구 선생의 암살범 안두희는 출옥하게 해선 안 된다고 발언했다. 9월 16일, 장면 국무총리, 장택상 국회부의장은 제6차 파리 유엔총회에 한국 대표로 참석했다. 1952년 3월, 제6차 유엔총회 참석 후 장택상은 영국, 미국을 거쳐 혼자 귀국했다. 장택상 부의장이 국내로 돌아오자 허정 씨가 장택상 부의장에게 장면 국무총리가 정권을 장악하려 한다고 알려주었다.

5월 6일, 장택상은 제3대 국무총리에 취임했다. 5·26 부산 정치파동 당시 백골단, 땃벌떼, 민중자결단이라는 테러, 정치 단체가 국회 해산을 외쳐댔다. 책략과 포용력과 추진력이 강한 장택상은 발췌 개헌안을 마련하여 대통령 직선제를 하려고 신익희, 조봉암의 동의를 받아 국난을 수습했다. 9월 30일, 연합신문(양우정사장)에서 장택상과 경성부윤을 지낸 고시진(古市進)과 잠시 만난 것을 연일 좋지 않게 보도하자 장택상은 국무총리에서 사임했다. 장택상 국무총리는 연합신문 주일특파원 정국은(鄭國殷)을 간첩 혐의로 조사했다. 김창룡도 조사에 착수했다. 그리하여 육군 특무부대장 김창룡 소장은 정국은을 처단했다.

1954년 5월 20일 장택상은 제3대 국회의원에 당선되고, 11월 30일, 사사오입(四捨五入) 개헌 파동 후 이태용(李泰鎔) 의원과 호헌동지회(護憲同志會) 결성에 참여했다. 1955년 9월 28일, 장택상은 국회 무소속 구락부를 조직했다. 1956년 1월 2일, 장택상, 이범석, 배은희 등은 공화당 최고위원이 되었다.

1956년 5·15 정·부통령 선거 당시 대통령에는 이승만, 부통령에는 장면이 당선되었다. 그때 만약 이승만 박사가 자진해서 물러나고, 장택상이나 김준연을 후계자로 내세우고, 신익희 후보가 생존했더라면 역사는 크게 달라졌을 것이다.

7월 27일, 지방에서 야당 인사들이 선거 관계로 서류를 제출하면 공무원들이 접수하려 하지 않았다. 그래서 장택상, 조병옥, 김선태, 김두한 등 민주당 국회의원들이 미국대사관, 시청 앞에서 시위를 했다.

1957년 1월 25일, 선거 때 야당 의원들이 서류를 관계 공무원들이 접수하지 않고, 정치폭력배들이 야당 집회를 방해하는 일이 발생했다. 그렇게 되자 장택상 의원의 주도로 이승만 대통령을 탄핵하려고 경고 결의안을 국회에 제출했다. 그리고 나서 1개월 후 이승만 대통령은 장택상을 경무대로 초청하여 몹시 분노하고, 서운하게 생각했다.

1957년 5월 25일, 국민주권옹호투쟁위원회 주최로 열린 서울 장춘단공원 집회에서 장택상, 조병옥 등은 자유당 정권을 강도 높게 비난했다. 9월, 장택상의 주선으로 협상선거법을 위한 장택상(張澤相), 조병옥(趙炳玉), 이기붕(李起鵬)의 3자 회담이 있었다.

그때 민주당 신파인 장면 세력에서는 구파 조병옥이 자유당과 내통한다고 비난했지만 이 협상을 통해 민주당은 더 많은 의석을 확보하게 되었던 것이다.

1958년 5월 2일, 장택상은 제4대 국회의원에 당선되었다. 12월 2일, 장택상은 반공투쟁위원회 위원장이 되었다. 1959년 3월 8일, 제일교포북송반대전국위원회 민간대표로 장택상(張澤相), 유진오(俞鎭午), 최규남(崔奎南)은 스위스 제네바에 갔다. 3월 12일, 장택상은 국제적십자사 본부를 방문하여 북송 저지에 성과를 거두었다. 그때 이승만 대통령은 "장택상 씨가 제일이다"라고 격찬하여 동아일보, 조선일보 등에 대서특필되었다.

1960년 2월 5일, 장택상은 반독재민주수호연맹 결성을 주도하고, 대통령 후보로 지명을 받았다. 2월 12일, 장택상 대통령 후보의 입후보 등록서류 강탈 사건이 발생했다. 1960년 3·15 부정선거 전에 이승만 대통령은 프랑스 대사 정일권 장군에서 장군들을 동원하여 통일당 부통령 후보 김준연 선생이 당선되도록 비밀 지령을 내렸다. 그러나 박마리아와 프란체스카 여인의 눈물 어린 호소로 이승만 박사는 도중에 그만 두었다. 만약 그때 이승만 박사가 제갈공명처럼 음참마속의 결단을 내려 이기붕을 그만두게 했더라면 3·15 부정선거도 없고, 4·19 의거도 없고, 5·16 군사 쿠데타도 없고 역사는 크게 달라졌을 것이다.

4월 2일, 장택상 후보는 중앙선거관리위원장을 상대로 3·15 부정선거 무효 소송을 제기했다. 3월 말까지는 몰랐으나 4월 12일 이승만 박사는 3·15 선거에 관해 처음으로 어느 정도 눈치를 채고 있었다. 4월 12일, 자유당 정권의 마지막 국무회의에서 "내가 바깥 사정을 자세히 알고 싶다. 자네들이 나에게 말을 해보라"고 했다. 그러나 이때에도 12명의 장관 중에서 부통령 선거를 즉시 새로 실시해야 한다고 직언하는 장관은 한 명도 없었다.

4월 18일, 고려대학교 학생들이 3·15 부정선거를 비난하는 시위를 하고 시청에서 고려대학교로 가고 있는 도중 청계천 4가 천일극장 앞에서 정치 폭력배 유지광이 운영하는 화랑동지회가 쇠파이프, 갈쿠리, 각목 등으로 학생들을 구타하는 피습사건이 발생했다.

　4월 19일, 전날 고려대학생 피습사건으로 인해 전국적인 큰 학생시위가 발생했다. 이승만 대통령은 직언을 제일 잘하는 장택상, 김준연을 급히 경무대로 들어오도록 박찬일 비서에게 지령했다. 그러나 가증스럽게도 박찬일 비서는 연락이 안된다고 허위 보고를 했다. 그때 제대로 연락이 되어 장택상이 이승만 대통령에게 부통령 선거를 다시 했다면 역사는 다르게 전개되었을 것이다. (5월 3일, 이화장에서 이승만은 김준연을 즉시 후계자로 내세우지 않은 것을 후회하는 것이었다)

　7월 29일, 장택상은 제5대 국회의원에 당선되었다. 제2공화국의 대통령에는 윤보선, 국무총리에는 장면이 당선되었다.

　1961년 5·16 군사 쿠데타가 발생했다. 정변 주동자가 박정희라는 사실은 널리 알려져 있었다. 그때 용기와 지략이 있는 장택상, 김준연이 민주당 정권의 지도자였다면 5·16 군사 쿠데타 정도는 간단하게 진압했을 것이다. 장택상은 경기도 시흥에 있는 별장에서 은둔생활을 하고 있었다. 장택상의 고향 칠곡군과 박정희의 고향 선산군은 바로 이웃 동네이고, 금오산 안에 있다.

어느 날 군사 쿠데타의 주동자 박정희 소장이 장택상 선생을 찾아 왔다.

"창랑 선생님! 저는 창랑 장택상 선생을 예전부터 존경해 왔습니다. 저는 정권을 잡으려고 혁명을 한 사람이 아닙니다. 저는 창랑 선생이 대통령이 되어야 한다고 생각합니다"라고 말하고는 돌아갔다. 순간 단순명쾌한 성격의 장택상은 "젊은 사람이 어른을 알아본다"면서 제법 기특하게 생각했다. 그러나 곧 이어 장택상은 박정희 소장이 "절대로 정권을 내놓을 자가 아니다"라고 단정했다. 또한 박정희 소장은 윤보선 대통령을 찾아가서 "저희는 인조반정을 생각하고 있습니다. 각하에 대한 충성은 변함이 없습니다"라고 말했다. 그리고 박정희 소장은 항일투사 김홍일 장군, 임병직 선생을 내각수반으로 추대할 것처럼 말했다.

1963년, 정치군인 박정희 소장은 2·27 선거에서 "군인들은 정치를 안하겠다"고 하고 나서는 3·16 성명에서는 군정을 4년 더 연장한다고 하고, 4·8 성명에서는 선거를 하겠다고 하면서 이랬다 저랬다 번의하는 번의 정치를 했다. 나중에 알고 보니 정치군인 박정희 소장의 혁명공약은 국민들을 기만하려는 정치 사기극이었다.

1963년 4월 22일, 장택상, 김준연, 이범석은 군정연장 반대 투쟁 위원회 고문이 되어 군사정권과 대결했다. 9월 7일, 장택상은 자유당을 새로 결성하여 자유당 총재에 취임했다. 11월 26일, 경북 칠곡에서 제6대 국회의원 선거에서 장택상과 송한철이 출마했다. 박정희 정권의 방해지령과 부정선거로 인해 어이없게도 무명 청년 송한철이 당선되었다.

1964년 3월 9일, 장택상은 대일 굴욕외교 반대 범국민 투쟁 위원회 의장에 취임했다. 3월 20일 낭산 김준연은 서울 중구 수표동에 있는 장택상의 집을 찾아갔다. 그때 장택상은 김준연 의원에게 "박정희 정권에서 일본으로부터 받은 미화 1억 3천만 달러를 정치자금으로 다 써버렸다오. 이런 때에는 죽을 각오로 싸워야 합니다. 낭산(김준연)과 나는 옛말로 말하면 주석지신(柱石之臣)(국가에 기둥 같은 신하, 재상)이오, 그러므로 우리가 이 사건을 폭로하고 형무소로 직진합시다. 그래야 후배 정치인들도 따라올 것이오"라고 말하는 것이었다. 3월 24일 대학생들은 격렬하게 한일회담 반대 시위를 했다. (케네디는 장면 총리에게는 10억 달러를 주기로 했다. 그러나 박정희에게는 10억 달러를 안 주기로 했다)

1964년 3월 26일, 김준연 의원은 국회 본회의에서 발언을 통해 장면 정권에서는 미국과 일본에서 도합 25억 달러를 받기로 했다. 그런데 박정희 정권은 일본에서는 무상 3억 달러,

유상 2억 달러, 도합 5억 달러를 받기로 했다. 그런데 1억 3천만 달러를 사전에 받아 다 써 버렸다고 하므로 박정희가 하야해야 된다고 주장했다. 이어 3월 30일에는 국회특별외 교조사위원회에서 폭로하고, 3월 31일에는 국회, 국내, 국외 기자실에서 3차에 걸친 메가톤급의 폭탄 선언을 했다. 4월 6일, 김준연 의원은 김종필이 재작년 11월 일본 오히라(大平) 외상에게서 1억 3천만불을 받았다고 발표했다. 이어 4월 8일에는 박정희, 김종필을 고발하는 고발장을 검찰총장 신직수에게 보내고 신문기자들에게 발표했다. 장택상의 정보 제공, 김준연 의원의 3차에 걸쳐서 발표한 메가톤급 폭탄 선언은 결국 6·3사태라는 전국적인 대시위가 발생하여 위수령까지 발동하는 사태로까지 발전하게 되었다.

1965년, 장택상은 자신의 일대기를 요약한 자서전을 작성했다. 1966년 2월 1일, 31회에 걸쳐 동아일보에 수상잡초를 연재했다. 2월 15일, 장택상은 신한당 고문이다.

1968년 10월 김천 직지사 근방 선영을 참배했다. 마지막 기회가 될 것이라고 했다.

1969년, 하와이 병원, 존스홉킨스 병원에서 요양을 했다. 7월, 3선 개헌 반대 범국민 투쟁 위원회 고문이 되었다. 7월 29일, 찾아온 신민당 당수 유진오 박사에게 박정희의 3선 개헌을 반대하라는 최후의 민전투쟁을 당부했다. 8월 1일, 고려병원 607호실에서 생애를 마쳤다. 8월 7일, 시청 앞 광장에서 국민장으로 거행하고 동작동 현충원에 영면, 1970년 8월 1일, 일주기 추도식과 묘비 제막식이 현충원에서 엄수되었다.

그후 3녀 장병혜 교수가 『대한민국 건국과 나』, 『상록의 자유혼』을 발간했다.

이태유

한국의 대수재이고 개화 선각자이고 화학자이신 이태규(李泰圭) 박사는 1901년 1월 26일, 충청남도 예산군 예산읍 예산리 55번지에서 부친 이용균 선생과 모친 밀양 박씨 부인 사이에 6남 2녀 중 3남으로 출생했다.

이태규 박사의 본관은 전주이다. 조선의 초대국왕 이성계의 후손이 아니어서 왕손이 아니다. 고려 주부공의 후손이다. 이태규 박사의 16대 선조인 이소생(李紹生) 대에 어린 국왕 단종의 사건을 보고, 사헌부 벼슬을 사직하고 낙향했다. 이때부터 이태규 박사의 가문은 충남 예산에 기반을 두고 살게 되었다.

이태규 박사는 부친 이용균 선생에게서 한문을 배웠다. 부친은 엄격한 사람이고, 모친 박씨 부인은 인자하고 다정한 현모양처였다.

어려운 친척이나 이웃 사람들에게 곡식이나 물품을 자주 나누어 주곤 했다. 이태규 박사의 외조부는 중추원 의장을 역임했다. 이태규 박사 가문의 특성은 친가와 외가 사람들이 장수를 하는 집안이다. 이태규 박사가 90세, 동생 이홍규 검사는 97세에 생애를 마쳤다. 가족, 친척들이 거의 다 천주교 신자이다.

이태규는 부친에게 동몽선습, 자치통감, 소학을 배웠다. 부친은 사서삼경이 아니라 『전등신화』, 『아라비안 나이트』 책을 갖다 주었다. 유년 시절에는 기본 한문 정도만 알고 있으면 된다고 했다. 이태규의 부친은 선비이고 동시에 세상물정에 밝은 현실주의자였다. 그 무렵 이태규는 기본 한문책, 소설책을 독서하고 장날 구경을 하곤 했다.

어느 날 시장에서 파는 병아리 중에 깃털색이 약간 독특한 병아리 한 마리가 섞여 있었다. 어린 소년 이태규는 쭈그리고 앉아 한참 동안 그 병아리만 바라보았다. 병아리 장수가 "얘야, 도대체 무엇을 그리 보는 것이냐?"라고 질문을 했다. 그랬더니 이태규는 "저 병아리는 깃털 색깔이 다르니, 행동도 다

른 것 아니에요? 다른 병아리들과 어떻게 다른 행동을 하는
지 관찰하고 있는 거예요"라고 대답했다.

이처럼 이태규는 어려서부터 신기한 사물을 보면 간단히 넘
기지 않고, '어째서 무엇 때문에 그런 것일까?'라는 의문을 살
펴보곤 했었다.

이태규는 1910년 예산보통학교에 입학했다. 나이가 가장
어린 최연소 제1호 학생이었다. 그래서 언제나 뒤에 앉아야 했
지만 성적은 그 어느 학생들보다도 우수했다. 이태규는 예
산보통학교를 수석으로 졸업하여 학교 교장상과 도지사상
을 받았다.

1915년 이태규는 학교장 추천을 받고, 처음으로 공립경성
제일고등보통학교(경기 고등학교의 전신)에 무시험으로 입학했다. 13
도의 수재들이 치열한 경쟁을 벌여 들어가는 전국 최고의 수
재학교 경성제일고등보통학교의 입학은 예산 시골소년 이태규
의 생애에 새로운 전기를 마련해 주었다. 이태규의 경성제일고
보의 선배로는 윤일중, 낭산 김준연, 민태원, 최현배 등이 있
고, 1년 선배로는 이범석(초대 국무총리) 장군이 있다. (이태규와 박헌영
(공산분자)는 예산 출신이고, 경성제일고보의 동창생이다) 경성제일고보 화학
선생 호리 마사오 선생은 이태규가 화학을 평생의 연구과업으
로 했다. 1919년 이태규는 공립경성제일고등보통학교(경기고교의

전신)를 수석 졸업하여 세인들에게 수재로 알려지게 되었다. 이태규는 경성제일고보와 연관이 있는 1년 과정의 사범과를 마치고 1920년에 남원보통학교 교사가 되었다.

그런데 그때 남원보통학교에서는 이태규의 실력을 제대로 볼 줄아는 일본인 교사 백락(伯樂)이 있었다. 일본인 백락 선생은 이러한 우수한 수재(이태규)가 시골학교에서 재능을 제대로 발휘하지 못하고 있음을 몹시 안쓰러워 했다. 그리하여 일본인 백락(伯樂) 선생의 주선으로 일본 히로시마(廣島) 고등사범학교의 관비 유학생이 되었다.

한국과 일본과는 배운 것이 달라서 처음에는 공부하느라고 고전을 했다. 거의 밤을 세워 공부를 하곤 했다. 공부라기보다는 차라리 전쟁이었다. 2학년이 된 후 첫 시험결과는 수석이었다. 2학년 이후 계속 일등을 했지만 학교 차이로 처음 1학년 때 성적이 좋지 않아서 종합 성적은 2등이 된 것이다.

이어 이태규는 1924년 경도제국대학 화학과에 입학하고 1927년 경도제국대학 화학과를 졸업했다. 경도제국대학 선배로는 삼양 재벌 총수 김연수 선생이 있다. 이태규는 3학년 때 지도 교수로 호리바 신기치(堀場信吉) 교수를 만나 화학반응론을 들었다. 이태규 박사는 「환원 니켈을 이용한 일산화탄소의 분해」라는 학위논문으로 1931년 한국인 최초로 일본 경도제국대학에서 이학 박사학위를 받았다.

1932년 이태규 박사는 박인근(朴仁根) 여사와 결혼한다. 신부는 정동에 있는 제일고등여학교(일본인 여학교)를 졸업하고, 일본 경도에 있는 헤이안여자학원에 유학하고 있었다.

그 무렵 경도제국대학 이학부는 호리바 신기치 화학과 교수를 중심으로 화학반응을 활기차게 연구하여 차원 높은 연구 성과를 연이어 학교에 내놓고 있었다. 1937년 이태규 박사는 6년간의 부수(副手)를 거쳐 호리바 교수의 추천으로 경도제국대학 조교수가 되었다. 신예학자로 화학 분야에 혜성처럼 나타난 이태규 박사는 천재적인 재능을 드러내며, 성실한 연구를 추진하여 주위의 신망과 기대를 한몸에 지니게 되었다. 한편 경도제국대학 이학부 화학과에서는 분자구조론에 관한 연구가 활기차게 진척되었다.

동양에서는 유일하게 노벨화학상 수상자인 일본의 후쿠이 겐이치(福井謙一) 박사는 1937년 경도제국대학 공업화학과에 입학했다.

수학을 잘 하는 후쿠이 박사는 이학부에 가서 물리, 화학 등의 강의를 열심히 들었다. 그 당시 이태규 박사는 화학의 종합적 연구를 목적으로 하는 경도제국대학 화학연구소 조교수로서 성실하게 연구하고 있었다고 후쿠이 교수는 회고했다.

독일의 슈뢰딩거 교수(1933년 노벨 물리학상 수상자)가 양자역학을 완성한 것은 1926년의 일이었고, 이태규 박사는 아주 일찍부터 양자역학을 화학반응 연구에 도입하여 선각자로서 이 분야를 진척시켜 나갔던 것이다. 노벨 화학상 수상자인 후쿠이 겐이치 교수는 그의 저서 『학문의 창조』에서 한국의 이태규 박사는 일본 양자역학(화학의 한 분야) 연구의 선구자라고 기록하고 있다.

화학반응은 원자와 분자의 레벨에서 일어난다. 그런데 그 원자와 분자의 세계를 지배하는 것은 다른 게 아니라 양자역학인 것이다. 예를 들면 달이나 별에서 일어나고 있는 화학반응 이론, 양자역학의 개념(언어)으로 설명할 수 있는 것이다. 그렇지만 이 개념을 완전히 이해하려면 복잡다단한 계산을 필요로 한다. 즉, 고도의 수학적 능력이 요구된다. 이태규 박사가 화학반응에 양자역학을 도입했다는 것은 그의 수학적 실력이 출중했음을 보여주는 것이라 하겠다.

이태규 박사는 미국에 유학을 하여 1938년부터 1941년까지 미국 프린스턴대학의 연구원이 되어 미국에서 연구생활을 했다. 그때 일본 정부에서는 조선인에게는 장학금을 주지 않았다. 다행히도 금강제약을 하던 전용순 씨가 여비를 주고,

미국에서는 학비와 생활비는 경도제국대학 선배이고, 경성방직 사장 김연수 선생이 지원해 주었다. 이태규 박사는 프린스턴대학의 테일러 교수와 함께 촉매학에 관해 연구했다. 이태규 박사는 프린스턴대학에서 아인슈타인 박사, 아이링 교수, 유가와 히데키 교수(1949년 일본 최초의 노벨 물리학상 수상자) 등과 친교를 하고 연구한다. 이태규 박사는 프린스턴대학에서 양자역학(화학의 한 분야)을 연구하고 그후 경도제국대학으로 돌아와서 교수가 되어 이에 대한 강의를 하여, 일본에 양자역학을 들여온 선구자가 된다.

일제시대 윤일선(尹日善) 박사는 경도제국대학에서 한국인, 의학박사 제1호이다. 이태규 박사는 경도제국대학에서 한국인 이학박사 제1호이다. 박철재 박사도 이학 박사학위를 받았다. 동북제국대학에서는 조광하(趙廣河) 박사가 20대에 이학 박사학위를 받았다. 김광식 박사는 공학 박사학위를 받았다.

8·15 해방

1945년 8·15 해방이 되자 경도제국대학 교수이던 이태규 박사는 가족들과 함께 귀국했다. 미군정 시절 유억겸 문교장관이 몸소 나와 이태규 박사를 반갑게 환대했다. "선생님을 오랫동안 기다렸는데 이렇게 돌아와 주셔서 대단히 감사합니다." 이태규 박사는 경성제국대학(서울대학) 이공학부장에 취임했다.

1946년에는 서울대학교 문리과대학 학장이 되어 강의와 학생지도에 정성을 다했다. 미군정청 교육심의회 위원으로 과학진흥을 위해 노력했다. 이태규 박사는 처음부터 학부장, 학장 등의 학교 행정의 수장 역할은 맡지 않으려고 수차 사양해 왔으나 이태규 박사 이외에는 적합한 인물이 없었으므로 학장이 된 것이다.

또한 이태규 박사는 조선화학회 창립을 주도했다. 그리고 일본인들이 물러나고 대학에서 교수, 강사 자리가 비어 있게 되자 윤일선 박사, 이태규 박사, 조광하 박사, 유진오 박사, 박철재 박사, 김광식 박사 등은 교수 자격이 안 되던 강사·교사들은 숙성코스로 훈련을 시켜 교수를 양산하여 대학 교수, 강사로 내보냈다.

이태규 박사는 속성코스로 대학 교수를 만들어 내고, 대학생들을 지도하고, 학자로서 연구도 하고, 학교 행정의 수장으로 직무도 수행하고, 대학생들의 외국 유학을 주선해 주기도 했다. 세계적인 명성을 갖고 있는 이태규 박사가 기초를 조성하고, 정성 껏 주선하여 한국의 이공계통의 학도들은 그 전보다 더 쉽고, 편안하게 외국의 일류대학에 진출할 수 있는 기회가 열리게 된 것이다.

1947년, 이른바 국대안(국립 서울대학교 안) 사건으로 학생 시위와 사상 분쟁이 일어나고, 교수 4명이 학교를 떠났다. 특히 그 중에는 물리, 화학을 전공한 이태규 박사의 제자 2명도 포함 되어 있었다. 이태규 박사는 과학교육국을 과학기술부로 승격 시켜 과학 발전을 강력히 추진할 것을 정부에 건의했으나 받 아들여지지 않았다.

1948년 이태규 박사는 물리과대학과 법과대학의 연구실 분 쟁으로 학장에서 해임되었다. 공산계열의 선동과 학생시위로 면학 분위기 조성이 제대로 되지 않게 되자, 당시의 심정을 이 태규 박사는 "일본을 떠나올때 굳혔던 희망과 의욕이 물거품 처럼 사라지고, 회의에 사로 잡혔다"라고 회상했다. 그리하여 이태규 박사는 1948년에 재차 미국으로 건너가서 화학으로 유명한 유타대학 교수가 되었다. 3년 안에 서울대학교가 안정 되면 돌아오려고, 가족들은 국내에 있게 하고 혼자 미국에 가 서 영주권, 시민권도 갖지 않았다. 그런데 6·25 남침전쟁으로 인해 장기간 미국에 있게 된 것이다.

이태규 박사는 예리한 관찰과 끊임없는 노력을 평생의 신조 로 삼았다. 화학으로 유명한 유타대학은 옛날에 절친했던 동 료 교수인 아이링 박사가 있는 대학이었다. 이태규 박사는 유 타대학에서 액체이론, 분자점성학, 반응동력학, 표면화학 등 수많은 분야에서 가치 있는 연구 논문을 줄기차게 발표했다. 이태규 박사는 촉매 분야에 관해 많은 연구논문을 발표했다.

특히 이태규 박사와 아이링 박사의 공동 논문인 「이(李), 아이링 이론」으로 알려진 「비뉴톤 흐름에 관한 연구」는 세계 학계에서 높은 평가를 받았다.

이태규 박사는 1955년에는 노벨 화학상 수상자 후보에 올랐으며, 1966년에는 노벨 화학상 후보 추천위원이 되기도 했다. 그러나 아이링 계파에 있던 이태규 박사에게 노벨상이 수여되지 않은 것은 희한하고 야릇하다고 후쿠이 교수도 의아하게 생각한 정도였다.

이태규 박사가 일본에서만 연구했거나 미국 국적을 가졌더라면 노벨 화학상을 받았을 것이라는 말도 있었다. 동양 최초의 노벨 화학상은 1981년 후쿠이 교수에게 수여되었는데 수상 업적은 프린티어 이론이라는 화학반응이었다.

이태규 박사는 동경제국대학에서 농업학 박사학위를 받은 우장춘 박사와도 절친하게 지냈다. 부산 피난 시절 이태규 박사의 가족들이 고생하는 모습을 보고 우장춘 박사는 제자들과 함께 자금을 모아 전하면서 "국보급 학자는 국가에서 보호해 주어야 하거늘 가족들을 이렇게 모른 체하고 있다니 그러면 안 되지요"라고 한탄했다.

이태규 박사는 그의 가족들을 아는 사람들에게 돌보아 주도록 요청하고, 2차 미국으로 건너가서 유타대학에서 오전 9시에 출근하면, 점심, 저녁을 5분 정도 걸어가 집에서 식사하고 약간 휴식을 취하고 연구실에 나와 새벽 1시가 되어서야 퇴근을 했다. 유타대학에서는 한국 과학 기술계의 인재들이 집결해 있었다. 이태규 박사의 문하에서 김각종, 장세현, 한상준, 이용태, 권숙일 등 30여 명 제자들이 지도를 받았다. 이태규 박사는 한국에서 새로운 과학 모델을 창출하는 데 가장 이상적이고, 선망의 대상이 되는 인물로서의 효과는 충분히 지녔다.

이태규 박사의 귀환

1964년 대한화학회와 동아일보사의 후원으로 처음 조국을 방문했을 때 학계는 물론 정치계, 국민들로부터 열렬한 환대를 받았다. 화학계는 이태규 박사 초빙 준비위원회(위원장 최상엽)를 구성하여 그의 방문, 시찰, 강연 등을 맡아 도와드렸다. 제자 김각중은 동아일보사로부터 경제 지원을 마련하는 데 한 역할을 했다.

1개월 정도 국내에 있으면서 대학을 순회하여 10차에 걸쳐 학술 강연을 하고, 주요 연구소와 공장을 20여 차례 시찰하고, 2차에 걸쳐 청와대에서 대통령과 요담을 했다. 당시 한국 사회와 신문에서는 이태규 박사를 한국이 낳은 세계적인 화학자, 국제 물리. 화학계의 거성, 과학의 선각자, 한국 과학이 나아가야 할 이정표로 지정했다.

이태규 박사는 기회가 있을 때마다 한국의 자연 환경과 국력에 알맞는 한국적 과학, 해외 유학보다는 자체적인 연구 인력 양성, 국내 자연 자원의 개발과 활용 연구 등을 피력했다. 이태규 박사는 과학의 선진국 미국에서 최고의 과학자들과 대등하게 연구활동을 하고 있었으므로 한국에서 찾고 있던 세계 과학에 가장 잘 부합되는 적임자로 간주되었던 것이다.

이태규 박사는 1973년 영구 귀국하여 한국과학원 명예교수로 초빙되어 서울 하월곡동 카이스트(한국과학원)에서 학생들을 지도한다. 기초 과학을 튼튼하게 하기 위해 한국 이론 물리· 화학 연구회를 창설했다. 정년 퇴임 없이 종신 교수로서 연구 활동을 하도록 정부와 학교에서 우대해 주었다. 이태규 박사는 생전에 대한민국 학술원상, 국민훈장 무궁화장, 5·16 민족상, 수당과학상, 세종문화상 등을 수상했다.

한학자이고 법학자인 우당 허비 선생은 한국의 수재 학자로는 육당 최남선 선생, 위당 정인보 선생, 이태규 박사, 유진오 박사, 조광하 박사, 이국주 박사, 박철재 박사, 김광식 박사 정도라고 말했다.

이태규 박사는 1992년 10월 26일, 충남 대덕단지에 있는 한국과학원 연구실에서 90세의 고령으로 학생들에게 강의를 하고 나서 퇴근한 후 집에서 생애를 마쳤다. 그리하여 정부에서는 서울 동작동 국립현충원, 제2애국지사 묘역에 안장하도록 도와주었다.

과학 연구 업적으로 동작동 현충원에 들어간 과학자는 이태규 박사와 최형섭 전 과학기술처 장관 2명이다. 그 근거는 학천(學泉) 이태규 박사는 세계적으로 명성을 떨친 과학기술계의 상징적 인물로서 한국 과학·기술계에 크게 공헌한 공적을 인정했기 때문이다. 그리고 2003년에 설치된 과학기술인 명예의 전당에 초대 헌정 대상자로 선정되어 한국 과학을 빛낸 최고의 과학자 반열에 올라서게 되었다.

경력을 요약하면 이태규 박사는 한국인으로는 최초로 일본 경도제국대학에서 제1호 이학 박사학위를 받았으며, 1943년 경도제국대학 교수가 되고, 노벨화학상 추천위원을 지낸 세계적인 대학자이다. 일제시대 창씨개명도 하지 않았으며, 30여 년의 미국 생활 중에서도 미국 시민권이나 영주권을 받지 않았다. 이태규 박사는 90 평생을 오직 학문 연구와 학생 지도만 해온 순수한 대학자였다.

학천 이태규 박사는 1남 3녀를 두었다. 장남 이회인은 서울대학, 유타대학 물리학과를 졸업하고 유타대학에서 응집물질과 통계 물리학 박사학위를 받고, 캘리포니아주립대학 로렌스리버모어 국립연구소 수석 연구원을 지냈다. 장녀 이주혜는 서울대학, 유타대학 영문과, 에리조나대학원을 졸업하고, 스캇데일 커뮤니티대학 일본어 교수를 지냈다. 차녀 이신혜는 피츠버그대학 생화학과 교수를 지냈다. 그후 타계했다. 3녀 이정혜는 버클리대학, 유타대학 수학 석사이고, 케미칼뱅크 부사장을 지냈다.

이태규 박사의 동생 이홍규(李弘圭) 검사는 경성제일고보를 졸업하고, 경성법학전문학교를 졸업했다. 1949년 서울지검 검사를 거쳐 고검 검사, 광주지검장, 법무부 교정국장을 역임하고 1961년 변호사 개업을 했다. 1994년 국민훈장 무궁화장을 수상했다. 이홍규 변호사의 차남 이회창(李會昌)은 국무총리를 지냈다. 이태규 박사의 막내 동생 이완규는 삽교고등학교 초대 교장, 서울 경문고등학교 초대 교장, 배명학원 이사를 역임했다.

이태규 박사의 동생 이홍규 검사는 1956년 장면 부통령 저격 미수 사건을 맡아 대쪽 검사, 척결 검사로 알려졌다. 강서룡(姜瑞龍) 검사도 이 사건에 참여했다. 강서룡은 교통장관을 지냈다.

이홍규 검사의 장남 이회정은 미국 브라운 의과대학 병리학과 교수, 뉴욕 마운트시나이아이칸 의대 교수, 삼성의료원 병리학 과장을 역임했다. 차남 이회창(李會昌)은 대법관, 감사원장, 국무총리, 한나라당 총재를 거쳐 유력한 대통령 후보였다. 이회창 후보가 김영삼과 적당히 지내고, 김종필의 도움을 받고, 그의 외가인 전남 담양을 비롯하여 호남 유세를 했더라면 충분히 당선되었을 것이다. 3남 이희성은 미국 뉴저지주의 리디거스 대학 경제학 박사, 에너지경제원장, 유엔 기후변화 정부간위원회 부의장을 지냈다. 4남 이희경은 미국 뉴욕 주립대학에서 경제학 박사학위를 받고, KAIST(카이스트)(한국과학원) 교수가 되었다. 특히 이태규 박사가 한국과학기술원에 부임한 후 이희경은 백부 어른 이태규 박사와 함께 근무하여 친아들 같은 역할을 했다.

장석윤

개화 선각자이고, 항일투사이고, 건국의 공로자인 장석윤 (張錫潤) 선생은 1904년 강원도 횡성에서 출생했다. 장석윤 선생의 부친은 이준 열사, 윤치호, 윤호정, 장지연 등과 대한자강회를 만든 선각자이다.

유명한 소프라노 윤심덕 선생이 강원도 횡성에서 유치원, 보통학교(국민학교) 교사였을 때 장석윤은 횡성보통학교를 졸업하고, 전국에서 최고의 수재들이 집결해 있다는 공립경성제일고등보통학교에 입학했다. 횡성 산골 소년이 경성제일고 보에 합격한 것은 장석윤의 생애에 새로운 전기를 마련한 것이었다. 서양 선교사 헐버트 박사(영어, 지리), 한학자 여규형 선생(한문),

후사부까 물리 선생 등 쟁쟁한 인사들이 경성제일고보 교사를 지냈다. 장석윤의 제일고보 후배로는 유진오, 조진만, 이재학, 이효석, 유영필(유진산) 등이 있다. 장석윤은 제일고보를 우수한 성적으로 졸업하여 수재 학생으로 널리 알려지게 되었다.

장석윤은 미국 유학을 가려고 조선총독부에 들어가서 외국 유학을 맡고 있는 관계자를 만났다. 처음에는 공무원이 안 된다는 것이었다. 미국이 선진국이어서 의학이나 과학을 공부하러 가는데 어째서 안 되느냐고 논쟁을 했다. 결국 고령의 공무원을 설득하여 미국에 가게 된 것이다. 학교에서 우등생이고, 모범생이고 순진한 18세의 소년이 서양의 과학이나 의학을 공부하겠다고 해서 해외 유학 관계자가 마지못해 들어준 것이다. 그 당시 황성 산골 소년이 미국 일류학교가 모여 있는 아이비리그 지역 즉, 메사추세츠주의 보스턴에 가는 것은 지금으로 말하면 달나라 가는 격이었다.

미국에는 대학에 준하는 학교, 전문학교 등이 거의 1만 여 개나 되고, 정식 대학은 4,300개, 일류대학은 20여 개 학교가 있다. 보스턴 아이비리그 지역에는 하버드대학, 예일대학, 프린스턴대학, 브라운대학, MIT 공과대학, 펜실베이니아대학, 다트마스대학 등이 있다. 조지타운대학, 뉴욕대학, 미시건대학, 시카고대학, 켈리포니아 공과대학, 데카라트 공과대학, 버클리대학, 앤아버대학, 벤더필드대학도 일류학교이다.

처음 장석윤이 미국 동부지역에 유학을 갔을 때 이기붕은 꽃장사, 접시 닦기, 카페의 안내원 등을 하며 고학을 하고, 공원 벤치에서 자기도 했다. 장석윤은 남의 집 일도 봐주고, 종업원, 점원, 노동자 등 주로 장사를 하면서 고학을 했다. 조병옥은 10년 연하의 어린 소년 장석윤이 미국에 와서 어려운 생활을 하는 것을 보고 몹시 안쓰러워 하는 표정을 지었다.

미국에서는 이승만 박사를 비판하는 사람으로는 김원용, 김용중, 한길수 등이 있었다. 이승만 박사 계열의 사람으로는 김현철, 장석윤, 김순권, 송필만, 이원순, 김노디, 김신실 등이 있었다. 서재필 박사의 비서는 임창영(林昌榮)이었다. 훗날 임창영은 장면 정권에서 유엔 대사를 지냈고, 뉴욕대학 정치학 교수를 역임했다. 이승만 박사의 비서는 임병직, 한표욱이었다. 훗날 임병직은 유엔대사, 제2대 외무부장관을 지냈다. 한표욱은 영국 대사를 지냈다. 장석윤은 미시건 대학, 펜실베이니아 대학을 거쳐 벤더빌트대학원을 졸업했다.

한편 일본은 한일합방을 하고 만주사변을 일으키고 노구교 사건을 조작하고 산해관을 넘어 중국을 침략하여 중일 전쟁을 일으켰다. 일본은 중국의 대도시를 차례로 점령하여 연전연승을 거두었다.

그때 연전연패하던 중국인의 위신과 체면을 세워준 2명의 사람이 있었다. 한사람은 평형관 전투에서 팔로군 115사단을 지휘하여 일본군 이타다키 세이시로 중장이 이끄는 5사단 21연대 보급부대를 격파한 팔로군 115사단장 임표이다. 또 한사람은 상고회전 전투에서 일본군 이와나가 사단을 분쇄한 중국군 왕융(한국인 김홍일)이었다. 일본의 야마시다 대장은 말레이반도를 쾌속으로 횡단하여 영국군 퍼시발 중장으로부터 항복을 받아냈다. 중국 방면 미군 사령관 스틸웰 대장은 일본군의 공격을 받아 버마 전선의 정글을 헤치고 57세의 고령에도 군장을 갖추고 20킬로미터를 빠져나와 안전지대로 갔다. 일본군의 공세로 상해 임시정부도 중국의 장개석 정부를 따라 피난하여 상해, 항주, 진강, 장사, 광저우, 유주, 기강, 중경으로 이전했다.

마침내 1941년 12월 8일 일본군은 미군의 해군 기지인 하와이 진주만을 기습 공격했다. 다음날 미국의 루즈벨트 대통령은 외회에서 선전포고를 발표하여 태평양전쟁이 일어났다.

일본의 혼마 중장이 필리핀을 침공하자 맥아더는 바탄반도에서 지휘하면서 지연 작전을 전개했다. 미국은 전쟁 준비가 안 되어 있어 루즈벨트 대통령은 비밀 지령을 내려 맥아더 장군에게 호주로 내려오도록 했다. 맥아더는 웨인 라이트 중장에게 지휘권을 넘겨주고, 어뢰정을 타고, 필리핀에서 탈출하여 호주 멜본으로 내려왔다.

맥아더 장군은 서남 태평양 전투지구 연합군 최고 사령관에 취임했다. 그러던 중 1942년 미군에서 암호문을 해독하여 미드웨이 해전에서 전세를 역전시켜 버렸다. 그러자 즉시 맥아더는 과달카날, 솔로몬 제도에서 반격에 나섰다. 미 공군의 둘리툴 중령은 폭격기를 타고 일본 동경을 공격하고 중국으로 날아갔다. 미군 전투기는 일본 연합함대 사령관 야마모토 이소로쿠 제독(산본 오십육)이 탄 군용기를 라바울 상공에서 격추했다. 그후 고까미네 이찌 대장도 피격을 받았다. 전세가 미군에게 유리하게 전개되었다.

진주만에서 루즈벨트 대통령, 맥아더 장군, 니미츠 제독의 3자회담이 있었다. 그때 맥아더는 필리핀을 탈환하려 했고, 니미츠 제독은 필리핀을 건너 뛰어 대만으로 진출할 것을 주장했다. 결국 필리핀을 탈환하라는 맥아더 장군의 주장이 채택되었다. 1944년 10월 19일 마침내 맥아더 장군은 필리핀 레이테만에서 상륙했다. 필리핀을 해방한 후 그해 12월 16일 맥아더는 육군 원수 5성 장군으로 승진했다.

한편 미국에서는 루즈벨트 대통령과 이승만 박사와의 합의 하에 대학을 나온 한국 청년들이 특수 군사교육과 훈련을 받았다. 장석윤, 임병직, 유일한, 장기영 등이었다. 특히 장석윤만은 군사훈련을 받고, 2차 대전에 참전했다. 인도의 임팔 전투에서는 일본의 무타구치 렌야가 지휘하는 일본군은 5만여 명의 기아 상태가 발생하고, 일본군 20퍼센트 정도만이 생존하여 도주했다. 맥아더 원수 휘하의 미군 OSS(첩보부대) 책임자는 도노반 준장과 굿펠로 대령이었다.

모니카 장으로 알려진 장석윤은 미군 첩보장교로서 도노반 준장과 굿펠로 대령의 지휘를 받고 동남아전선을 전진하면서 첩보활동을 했다. 장석윤은 임팔 전투에도 참여하고, 버마 전선에서 일본군을 몰아냈다. 장석윤은 미군 G2(첩보장교)로서 루즈벨트 대통령과 이승만 박사의 지령을 받고, 인도 옆의 곤명 루트를 통해 중경에 있는 장개석 총통과 김구 주석에게 연락을 하기도 했다.

이탈리아에서는 영국의 알렉산더 원수와 미국의 클라크 장군이 지휘를 했다. 미군 클라크 사령관 휘하에서 한국인 김영옥은 미군 위관급 장교로서 이탈리아 전투와 프랑스 전투에도 참가했다. 김영옥은 6·25 전쟁에도 참전하고 미 육군 대령으로 예편했다. 이승만 박사의 동지 김순권의 아들이 김영옥 대령이다. 도산 안창호 선생의 장녀 안수산은 2차 대전에 참전하여 미 해군 대위가 되어 미해군 여성 사격수 교관, 미 안전보장국 담당관을 역임하고 100세 장수를 했다.

1945년 2월 미군은 오키나와에 상륙하고 3월에는 이오지마에 상륙했다. 4월에는 사이판에 상륙했다. 이때 연일 미군

폭격기는 일본 동경을 초토화시켰다. 그러던 중 1945년 4월 12일, 루즈벨트 대통령이 뇌일혈로 돌연 급서했다. 그리하여 부통령이던 트루먼이 대통령이 되었다. 미군은 8월 6일, 히로시마(광도)에는 원자폭탄을 투하하고 8월 9일에는 나가사키(장기)에도 원자폭탄을 투하했다.

8·15 해방

1945년 일본 천황 히로히토(유인)는 라디오 방송을 통해 연합국에 항복을 선언했다. 일본의 항복으로 한국은 36년간의 압제에서 해방되었다. 소련은 미국보다 일찍 북한에 들어와서 남한까지 공산화 작업을 하려고 했다. 그래서 미 육군성의 지령으로 러스크 대령과 본스틸 대령이 38선을 그어서 경계선으로 했다. 오키나와에 있던 미 제24군단장 존 R. 하지 중장은 미군을 이끌고 9월 8일 한국에 들어왔다.

앞서 조선총독부 관계자들은 8·15 해방 직전 8월 12일과 8월 14일 송진우, 김준연, 여운형에게 정권 인수를 제안했다. 송진우, 김준연은 거절하고, 여운형은 정권 인수를 수락하고 건국준비위원회를 만들었다. 공산분자 박헌영 일당은 9월 6일 인민공화국을 선포하고 제멋대로 각료 명단을 발표했다. 이에 대항하여 민족주의 진영에서는 9월 7일 국민대회 준비위원회를 조직하고 9월 16일에는 한국민주당을 결성했다.

이에 남한에 미군정이 시작되고, 남조선 주둔군 사령관에는 하지 중장, 미군정장관에는 아놀드 소장이 취임했다. 한민당 수석총무 송진우는 장덕수를 대동하고, 아놀드 군정장관을 찾아가서 국내 정세를 상세하게 설명했다. 그러자 아놀드 군정장관은 인민공화국을 부인하는 성명서를 발표하여 공산도당들에게 크나큰 타격을 주었다.

한편 장석윤은 미군 G2 첩보계통의 육군 소령이고 하지 중장의 부관이 되어 미군함을 타고 인천 항구로 하지 군단장과 함께 국내로 들어왔다. 10월 16일에는 미국에서 33년 만에 이승만 박사가 환국했다. 이승만 박사는 국내로 들어와서 제일 먼저 찾은 사람이 장석윤과 윤치영이었다. 장석윤은 이승만 박사와 하지 중장을 내왕하며 연락을 하곤 했다. 그전 10월 5일, 하지 사령관은 11명의 국내 지도급 인사들을 미 군정장관 고문으로 임명했다. 김성수, 송진우, 조만식, 김용무, 여운형, 전용순, 강병순, 오영수, 윤기익 등 11명이었다.

10월 17일, 하지 중장의 고문 윌리엄스 대령이 송진우 한민당 수석총무를 찾아와서 미군정 경무부장 추천 관계로 의향을 알고자 했다. 한민당에서는 원세훈을 내정해 놓고 있었다. 그때 김준연이 조병옥을 강력하게 추천하여 다음날 10월 18일 확정지었다.

그리고 언론인 김동성 씨가 송진우 수석총무를 찾아와서 장택상 씨를 경기도 경찰부장으로 임명할 것을 제안했더니 송진우는 장택상 씨는 장관을 해야 한다고 반대했다. 그리하여 조계옥이 경기도 경찰부장이 되었다. 그때 송진우가 장택상을 추천하지 않은 것은 잘한 일이 아니었다. 장택상 씨가 경기도 경찰부장이었더라면 철저하게 송진우를 경호해서 피격되지 않았을 것이다.

1945년 12월 30일, 한민당 당수 송진우가 암살되고 난 후 1946년 1월 13일에서야 장택상은 경기도 경찰부장을 맡았고, 1월 18일에는 공산주의 계열의 학병을 분쇄했다. 조병옥 경무부장을 도와준 고문 4명으로는 아고 대령, 첸베니 대령, 맥클린 대령, 엘릭슨 중령 이었다. 아고, 첸베니, 엘릭슨은 복무 연한이 단기여서 수개월만에 미국으로 돌아갔다. 맥클린 대령은 2년간 공동 책임을 지고 일을 했다. 맥클린 대령은 1948년 미국으로 귀국하여 육군 소장까지 승진하고 헌병 사령관을 지냈다. 아고 대령, 첸베니 대령, 하우스만 소령, 이응준 장군, 이형근 장군은 한국군의 창설자들이다. 미군정 경무부장에서는 미국인 한 명, 한국인 한 명(조병옥) 모두 2명이었다. 경무과장 경무관 고봉경 여사, 수도 제1관구경찰청 여자 경찰 서장에는 양한나 씨가 취임했다.

냉천동에 있는 군사영어학교에서 일본군, 만군, 광복군, 학도병 일본 지원병, 전문학교 출신 중에서 학생들을 선발했다. 시험 과목은 영어, 군사학, 수학, 역사, 지리, 물리, 화학 그리고 학력, 군대 경력, 야전경험, 장래성, 건강 등을 기준으로 군번이 정해졌다. 군번 1번 이형근, 2번 채병덕, 3번 유재흥, 4번 장석윤(張錫倫) 『일본 육군사관학교 제26기』, 5번 정일권이고, 고령의 이응준은 양보하여 100번이 되었다.

국군의 전선인 국방경비대 초대 총사령관은 이형근이었다. 국방부의 전신인 통위부장(국방장관)은 유동열 장군이고, 통위부 3군 참모총장은 이형근이었다. 이형근(李亨根)은 초대 육군사관학교 교장, 초대 한미군사사절단장을 역임했다.

한편 한국 첩보·정보 계통의 제1인자인 장석윤(張錫潤)은 대한 관찰사(관찰국), 사정국, 치안국을 창설했다. 장석윤은 대한관찰사 대표가 되었는데 지금의 미국 중앙정보국장에 해당되는 지위이다. 조선시대 관찰사(도지사)라는 제도가 있어 대한관찰국이라 했다.

장석윤은 대한관찰사 대표에서 관찰국장으로 개명하고, 사정국장도 역임했다. 치안국 창설자인 장석윤은 당분간 이호가 치안국장을 맡도록 했다.

6·25 남침전쟁

초대 8사단장 이형근은 육군참모총장 채병덕에게 공산군의 남침을 경고했으나 들으려 하지 않아 8사단장에서 물러났다. 그리고 대전에서 창설된 제2사단장에 취임하고 15일 만에 6·25 남침전쟁이 일어났다. 장석윤도 치안국장을 맡은지 15일 만에 6·25 남침전쟁이 발생했다.

1950년 6월 25일, 6·25 남침전쟁이 일어나자 국회의장 신익희 선생은 국회의원 사울사수 결의대회를 선언했다. 이형근 장군은 재빨리 신익희 국회의장을 찾아가서 의정부 전선 방어가 불가능하고, 대통령과 육군본부 관계자도 피난을 갔으니 빨리 피난하도록 직언하여 위기를 모면하게 했다.

조병옥은 그의 장남 조준형의 강권으로 6월 27일 밤 12시 40분, 간신히 한강교를 넘어갔다. 내무차관 김갑수, 시경국장 김태선, 내무부 지방국장 한희석, 특별수사본부 오제도 검사 일행 등도 한강교를 건넜다. 시경부국장 겸 사찰과장 최운하는 고령의 이시영 부통령을 건너게 하고 나서 한강교를 건너는 도중에 폭사하고 말았다. 육군참모총장 채병덕의 지령으로 공병감 최창식에 의해 한강교가 폭파된 시간은 1950년 6월 28일 오전 2시 30분이었다.

그때 치안국장 장석윤은 한국은행에 가서 중요한 문서, 물건 등을 자동차에 싣고, 제일 한강교로 갔으나 한강교는 폭파되어 있었다. 장석윤은 차를 돌려 남산에 물건들을 묻어 두었다. 그리고 장석윤은 을지로 4가에 있는 그전에 살려준 어느 공산분자의 집을 찾아갔다. 장석윤은 정세를 살펴본 후 아현동 이화대학, 서강 방면으로 갔었다. 그러다가 따라온 청년 권이혁 등과 헤어져 각자 행동하기로 했다. 장석윤은 서강, 제일 한강교 방면에서 광나루 방향으로 가기로 작정했다.

　　장석윤의 모습은 중국의 학자 임어당과 비슷했다. 학자, 농사꾼, 회사원, 이발업, 공원, 군인 등 변장술에 능숙했다. 치안국장 장석윤은 이발업하는 사람으로 변장하고, 내무장관 백성욱은 승려로 위장했다. 장석윤은 남산을 거쳐 옥수동 산언덕에서 한강을 바라보면서 공산군들이 광나루 방면으로 들어오는 것을 알 수 있었다. 이발업자로 변장한 치안국장 장석윤은 광나루교를 거쳐 무사히 경기도 광주군으로 들어섰다.

　　광주군 경찰서에서 장석윤은 경찰들에게 "나는 치안국장 장석윤이다. 경찰들은 내 앞에 다 모여라"라고 언명했다. 그러자 경찰들은 예고 없이 찾아온 촌노 차림의 장석윤을 의아한 표정으로 쳐다보았다. 바로 그때 2층에서 내려온 포천경찰서장이 장석윤 치안국장을 즉시 알아보았다. 장석윤 치안국장이 초도 순시차 경기도 포천경찰서에 들렀을 때 만났던 포천경찰서장이었다. 경기도 포천경찰서장과 광주경찰서장 등은 장석윤 치안국장을 반갑게 맞이하면서 정중하게 대접했다.

장석윤 치안국장은 서울에서 있었던 일을 설명하고 부하 경찰들을 독려하고, 수원을 거쳐 대전으로 내려갔다. 한편 그 무렵 정동에 있는 서울중앙방송국에서는 아나운서, 여류시인 모윤숙(毛允淑), 국방부 정훈국의 김현수 대령, 정훈국 장교들이 대북 방송을 하고 있었다. 그때 공산군이 서울에 들어온 것도 모르고 방송을 하던 관계자에게 "공산군이 누구냐?"고 하니까 "나는 치안국장 장석윤이다"라고 둘러댔다. 그랬더니 그 공산군은 방송을 하던 관계자를 즉시 처단했다. 그리고 서울역 대로에는 치안국장 장석윤을 총살했다고 써붙이고 방송하던 관계자의 유해를 거적대기로 덮어 놓았다.

미군정 경무부장을 지낸 조병옥도 생포하여 처형했다는 벽보가 길거리에 나붙어 있었다. 서울역 광장에 붙여있던 장석윤 치안국장이 처단되었다는 벽보를 본 친척이 당시 왕십리에 살고있던 장석윤 치안국장의 부친에게 이 소식을 전했다. 그랬더니 정작 장석윤 치안국장의 부친 어른은 웃으면서 "내 아들은 그렇게 쉽게 죽을 사람이 아니네. 나는 그 허위 보도를 절대로 안 믿네"라고 일축해 버렸다.

장석윤 치안국장이 변장을 하여 수원을 거쳐 대전에 내려

가서 정부의 장관들을 만났더니 이들은 깜짝 놀라면서 반갑게 맞아주었다. 장석윤은 정부를 따라 대전, 대구를 거쳐 부산으로 내려갔다.

장석윤은 치안국장, 내무차관으로 있으면서, 조병옥 내무장관이 대구 사수의 대공을 세우도록 도와주었다. 그리고 장택상은 다부동 전투에서 백선엽 제1사단장, 마이켈리스 연대장을 도와주었다. 장석윤은 미군의 G2 정보장교 출신답게 낙동강 방어선을 사수하는 데 종횡무진한 기략을 발휘했다.

부산 피난 시절 장석윤은 조병옥의 후임으로 내무장관이 되었다. 홍화공작소의 양춘선이 낙동강의 남주교 다리와 한강교의 틀을 짜는 공사를 맡게 해달라고 한학자 허비(許秕)께 간청하여 허비 선생이 장석윤 장관에게 이 말을 전했더니 선뜻 들어주었다. 그러나 양춘선은 사례한 적이 없다. (1960년 4·19 혁명 이후 학생들이 국학대학 이사 양춘선 물러나라고 그의 집을 난장판으로 만들었다. 이에 놀란 양춘선이 계엄사령부에 간청하여 계엄군이 출동하여 간신히 수습하고 돌아갔다)

장석윤 선생은 미국에서 오랜 세월 이승만 박사와 절친한 관계인지라 자유당에 당적을 두고 있었다. 그러나 장석윤은 1956년 박마리아 세력이 내무장관 김형근을 몰아내고, 이익흥을 내무장관이 되게 하고 박마리아가 나서고부터는 이기붕,

박마리아와 거리를 두었다. 장석윤은 자유당의 이기붕, 장경근, 한희석, 임철호, 이익흥, 홍진기, 최인규, 이강학 등과는 멀어져 갔다. 장석윤은 자유당 당원이면서도 오히려 당시 야당 인사이던 김성수, 신익희, 김준연, 조병옥, 장택상, 장면, 정일형 선생 등과 더 절친하게 되었다.

장석윤은 경성서비스의 정기석, 정기창, 정재남의 미국 유학을 주선해 주었다. 정형묵 사장의 장남인 정기석은 서울 공대를 거쳐 미국 유학을 하여 미국 과학계에서도 알려진 학자가 되었다.

장석윤 선생의 부인 윤선희 씨는 윤보선 대통령의 사촌 여동생이다. 장석윤 선생의 장녀 장예순은 삼호재벌의 총수 정재호의 아들 정규진과 결혼했다.

장석윤 선생은 오랜 세월 미국 생활을 했는데도 강원도 지역 불교 단체 회장을 지냈다. 1960년대 장석윤의 가족은 서울 충무로 대한극장 건너편 진양 맨션에 살았으며, 장석윤은 강원도 횡성군 횡성면 마산리 진달래 농장에서 직접 농사를 지으면서 살았다.

장석윤 선생은 일주일에 한번 서울에 오면 선배인 낭산 김준연 선생과 한학자 허비 선생을 자주 만나곤 했다. 그후 장석윤 선생은 마포, 수유리를 거쳐 일산의 3녀 집에서 살았다.

역사학자 허도산과 이화장인 이인수(李仁秀) 교수와 조혜자 씨는 일산에 사는 98세의 장석윤 선생을 2차에 걸쳐 방문한 적이 있었다. 그때에도 장석윤 선생은 맑은 정신을 그대로 간직하고 있었다.

허도산 교수가 김구 저격 사건에 관해 질문을 하자 장석윤 선생은 "이승만 대통령은 김구 사건과 아무런 관련이 없다. 인간적으로 친한 관계이고, 이승만 박사는 인자한 분이다. 그리고 장택상 씨가 조병옥 씨보다 건국하느라고 고생도 더 많이 했고, 더 공로가 많다"고 증언했다.

장석윤(張錫潤) 선생은 맑은 정신을 간직하고 101세까지 장수했다. 언더우드 3세(원일한) 전 연세대학교 총장 서리도 그 무렵 타계했다. 장석윤 선생은 항일투사이고, 대한민국 건국의 공로자이다. 경성제일고등보통학교 출신 10대 천재 중에 한분이요, 경성제일고등보통학교 출신의 10대 대수재로는 윤일중, 김준연, 이태규, 장석윤, 허비, 유진오, 최하영, 이국주, 조광하, 박철재 선생 등을 꼽는다.

최하영

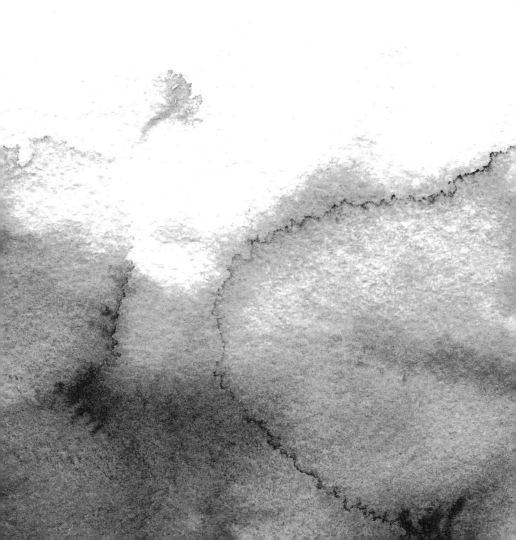

한국의 대수재이고, 개화 선각자이고, 심계원장을 지낸 최하영 선생은 1906년 산자수명한 경기도 이천에서 출생했다.

경기도 이천군과 여주군은 전국에서 가장 좋은 쌀이 생산되는 지역이다. 최하영 선생의 집안은 4,000석을 수확하는 지주 계급이다.

최하영은 이천보통학교를 수석 졸업하고, 전국에서 제일가는 수재학교인 공립경성제일고등보통학교에 수석으로 입학했다. 이천 시골 소년의 경성제일고보 합격은 그의 생애에 새로운 전기를 마련해 주었다.

최하영의 경성제일고보 재학 중에 친구로서 조진만(대법원장), 유진오(고려대학 총장), 이재학(5선 국회의원, 국회부의장), 이효석(시인), 강성태(농림장관), 유영필(유진산)「신민당 당수」, 인태식(재무장관) 등이 있었다. 3년 연상의 조진만은 졸업을 안 하고 검정고시를 거쳐 월반하여 경성법학전문학교으로 진학하여 판사, 대법원장을 지냈다. 유영필은 벽보사건으로 자퇴하고 보성학교로 가서 졸업했다.

학교 선생이 최하영 학생은 너무 공부를 잘하므로 졸업하지 말고, 일찍 일본유학을 가는 것이 좋겠다고 권유하여 최하영은 경성제일고보를 중퇴하고, 일본 유학을 가서 마스에 고등학교(대학 예과과정)를 거쳐 동양 최고의 일본 동경제국대학에 입학했다.

최하영은 일본 고등문관시험 사법과, 행정과를 수석 합격하고 동경제국대학을 우수한 성적으로 졸업하여 수재로 널리 알려지게 되었다. 최하영은 당시 한국인으로는 유일하게 일본 내무성 고등관을 지냈다. 최하영이 하급자로 데리고 있던 노다 아끼는 훗날 일본 경시청장을 역임했다.

최하영은 귀국하여 조선총독부 관방과장, 조사과장 등을 지냈다. 요새 회사 과장, 관청의 과장과는 달리 일제시대에는 관청에서 과장 중심으로 전국의 정치·행정을 이끌어 가는 중요한 요직이었다. 말하자면 일제시대 조선총독부 조사과장 최하영은 삼천리 강토의 모든 행정을 실제로 총지휘하는 지도자였다. 제6대 우카기 총독 시절 최하영은 경제개발 3개년 계획과 새생활운동을 입안하여 작성을 한 수재였다.

8·15 해방

1945년 8월 15일 해방이 되자 최하영은 그전에 조사과장 관사를 나와서 조고약을 생산한 천일제약 사장 조인섭 씨의 명륜동 집에 피신해 있었다. 조인섭 씨는 최하영의 장인이었다.

1945년 10월 16일, 이승만 박사가 미국에서 33년 만에 환국하고, 11월 23일에는 중국에서 김구 선생 일행이 귀국하고 12월 2일에 중국에서 신익희 선생 일행이 군산(옥구) 비행장에 내려 국내로 돌아왔다.

그때 임시정부 내무총장 신익희의 명의로 국자 1호, 국자 2호 포고문이 발표되었다. 어느 날 신익희 내무총장이 내무차장을 보내어 만나자고 했다. 최하영은 연행하여 조사하려는 줄 알고 만나지 않았다. 그랬는데 신익희 임시정부 내무총장이 직접 최하영에게 만나자는 연락이 왔다. 최하영은 긴장하여 조심스럽게 신익희 선생을 찾아갔다. 신익희 내무총장은 최하영을 반갑게 맞이하면서 함께 일을 하자는 것이었다. 최하영은 나는 일제에 협력하여, 근신하고 자중해야 한다고 했다. 그랬더니 신익희 내무총장은 대한민국의 정부수립을 위해 최하영의 실력과 경험이 필요하다면서 함께 단결해야 한다고 했다.

해공 신익희 내무총장은 사직공원 근방에서 행정 연구회를 조직하고, 최하영을 중심으로 고등문과시험 사법과, 행정과, 외교관 시험, 변호사 시험에 합격한 80여 명의 재사들을 동원하여 헌법, 정부조직법, 농지개혁안, 경제개발 3개년 계획, 새생활운동 등을 만들었다.

한국의 헌법은 최하영 씨가 고등문관시험 등 각종 시험에 합격한 80여 명의 재사들을 동원하여 만든 헌법과 유진오 씨 혼자 만든 헌법이 있었다. 유진오는 그가 만든 헌법보다 최하영이 만든 헌법이 더 우수한 것을 알아차렸다. 그래서 유진오가 최하영의 헌법에 인권 조항을 앞에 넣어 달라고 하여 받아들여졌다. 그런데 이승만 박사가 내각책임제 헌법을 안 하겠다고 진노하여 최종적으로 김준연 선생이 대통령 중심제로 만들었다. 유진오는 헌법을 "내가 만들었다고 했다." 하지만 겸손하고 예의 바른 최하영은 헌법을 내가 만들었다는 말은 하지 않았다. 최하영과 차윤홍 등은 "유진오가 만든 헌법은 본 적이 없다"고 말했다.

최하영은 일제 말부터 비누공장을 하여 크게 번성했다. 그러나 3·1 운동 당시 48인의 한분이고 고령자인 함태영 선생이 간절하게 도와달라고 하여 함태영은 심계원장, 최하영은 심계원 차장이 되었다. 최하영은 심계원장을 거의 10년 동안 했다. 비누공장은 하급자인 한희석에게 넘겨주었다. 심계원장은 대통령 직속기관이고 재무장관의 상급자이다.

자유당 정권 당시 국회의장 이기붕은 서울에서 여론이 좋지 않아 경기도 이천에서 국회의원에 나오기로 했다. 이기붕은 최하영에게 "이천에서 최하영은 알아도 이기붕은 주민들이 잘모르니 한번 차 타고 다녀오자"라고 간청을 하는 것이었다. 그래서 최하영은 이기붕과 함께 이천을 시찰한 적이 있다. 이기붕의 9대조 선산이 이천에 있다는 것이었다. 이천에서 이기붕 국회의장은 혼자 나가서 제4대 국회의원에 당선되었다.

1960년 4·19 학생 혁명으로 자유당 정권이 끝나고 7·29 국회의원 선거가 실시되었다. 그때 최하영은 이천에서 옥중 당선되고 이재학은 홍천에서 옥중 출마하여 당선되었다.

허정 정권, 장면 정권, 박정희 정권에서 조사를 받았으나 아무런 혐의가 없었다. 박정희는 최하영을 제일 먼저 풀려나도록 하고, 선생들을 존경한다면서 함께 정치하자고 제안했으나 거절했다. 최하영은 한국기원 이사장을 지냈다.

유진오

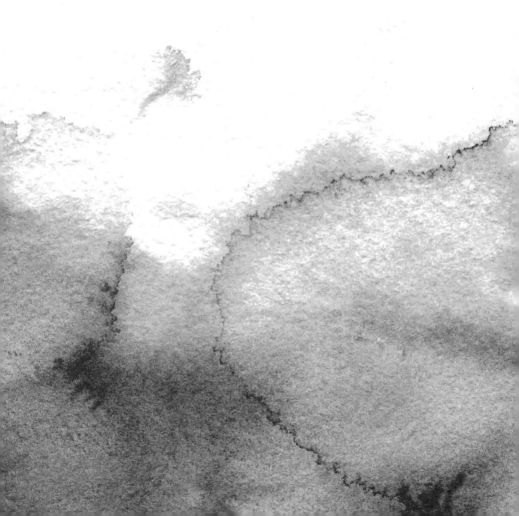

한국의 대수재이고, 법학자이고, 고려대학교 총장, 신민당 총재를 지낸 현민(玄民) 유진오(俞鎭午) 선생은 1906년 5월 13일, 서울 종로구 화동 137번지에서 부친 유치형(俞致衡) 선생과 모친 밀양 박씨 부인의 10남매 중 장남으로 출생했다.

유진오 선생의 본관은 기계(杞溪)이다. 조선시대 사육신 중의 유응부(俞應孚) 선생의 후손이다. 유진오 선생의 집안은 유길준, 유성준, 유만겸, 유억겸 등과 같은 기계(杞溪) 유씨(俞氏)의 개화된 가문 출신이다.

유진오의 부친 유치형 선생도 관비 유학생으로 일본에 유학하여 법학을 공부한 후 귀국하여 법률 기초위원, 외부주사(외무부 국장 지위) 등을 역임하고, 보성전문학교에서 법학을 강의했다.

유진오는 유년 시절 기본 한학을 공부한 후 1918년 서울 재동보통학교를 수석 졸업했다.

이듬해 1919년 4월, 유진오는 전국에서 제일 가는 수재학교인 공립경성제일고등보통학교를 수석으로 합격했다. 유진오의 경성제일고보 선배로는 윤일중(한전사장), 김준연(통일당 당수), 이태규(화학자) 선생 등이 있다.

유진오의 경성제일고보 동창으로는 조진만, 이재학, 이효석, 김성진, 유영필(유진산), 강성태 등이 있다. 조진만(趙鎭滿)은 유진오보다 4년 연상이고, 경성제일고보를 중퇴하고 월반하여 경성법학 전문학교로 진학하고, 판사를 거쳐 대법원장을 지냈다. (유영필(유진산)은 벽보사건으로 퇴학을 맞고 5학년 때 보성고보로 가서 졸업했다. 유영필이 훗날 신민당 당수가 된 유진산이다) 이재학은(5선 국회의원, 국회부의장), 이효석은 시인, 김성진은 외과 의사, 강성태는 농림장관을 지냈다.

학교 선생들은 유진오 학생이 답안을 작성할 때 문제의 핵심을 잘 집어낸다고 칭찬했다. 유진오는 체조의 실기 성적만 제외하고는 모든 과목의 이론과 실기에서 거의 만점에 가까운 점수를 받았다.

유진오는 1919년 10월, 13세 때 첫째 부인 성진순(成辰順)과 결혼한다.

1924년 봄에 제1회 대학예과 고등학교 입학 모의시험이 있었다. 경성제일고보, 경성중학교(일본인 학교), 용산중학교(일본인 학교) 등 3대 학교 학생 또는 조선과 일본 학생의 실력 경쟁 시험이었다. 유진오는 이 시험에서 수석을 차지했다.

1924년 유진오는 경성제일고등보통학교를 수석으로 졸업하고, 학교 교장상과 도지사상을 받았다. 유진오의 경성제일고보 일등 졸업은 그의 생애에 새로운 전기를 마련했다.

곧이어 유진오는 1925년 경성제국대학 예과의 문과에 입학하여 1년 동안 공부한 후 1926년에는 다시 경성제대 법문학부 법학과에 입학한다.

경성제일고보 5학년 시절에는 이재학, 화가가 된 김주경 등을 포함한 급우들이 모여 『십자가』라는 시집을 간행했는데 『십자가』는 우리가 대학 예과에 입학한 후에도 몇 호 간행했던 것으로 기억한다. 대학 예과 입학시험에 내가 수석으로 합격했다 하여 신문기자가 찾아 왔는데 인사를 하고 보니 작가 나도향(나빈(羅彬))이었다. 나도향은 그때 신문에 장편 『환희』를 연재하고 있어서 나도 이미

알고 있던 사람인데 알고보니 나보다 3세 연상 밖에 안 되는 젊은 사람이었다. 그때 우리나라 신문학은 그만큼 젊었던 것이다. 『나의 문단 교우록(유진오, 사상계 특별 중간호, 1963년 2월)』

유진오는 문학과 철학에 흥미를 느껴 한때 철학과로 전과하려 했다. 그러나 전과가 안 되어 법학을 하기로 했다. 유진오는 사회과학을 하면서 법학의 의도를 발견했다. 인간이 법과 제도를 떠나서 살 수 없기에 그러한 근본 요소에 대한 철학이 중요하다고 생각했고, 철학과 정치학의 중간에 위치하는 법리학(법철학)과 국가학은 유진오에게 문학과 또 다른 방편의 인간 사회 탐구였다. 법학은 다방면에 걸쳐 연구할 수 있는 학문이었다. 그 무렵 유진오는 탁난 문학회를 조직하고 기관지로 『신흥』을 발간했다.

유진오는 경성제국대학 1학년 때 영문과 청강생으로 강의를 들었던 춘원 이광수를 학교에서 만나 상당한 충격을 받았다고 한다. 춘원 이광수는 그때 문예지 『조선문단』의 주제가이고, 『무정』, 『유정』 등의 장편소설 작가이고, 2·8 동경 선언문 작성자이고, 동아일보 편집국장을 지낸 잘 알려진 인물이었기 때문이다.

한편 유진오는 첫째 부인 성진순이 1926년 타계한 후 1928년 박복례와 재혼한다.

유진오의 소설은 1927년부터 1935년까지 발표한 노동 소설과 그후 1944년까지 발표한 시정(市井) 소설로 구분된다. 『김강사와 T교수』, 『5월의 구직자』 등은 노동 소설이고 『산울림』, 『행로』 등은 시정 소설이다.

부유한 가정에서 출생하여 순탄하게 엘리트 교육을 받았지만 언제나 나라 없는 시대의 실업자와 가난한 계층의 궁핍한 문제에 관해 고민하여 수많은 지식인 독자들이 있었다. 16세 연상의 춘원 이광수가 유진오에게 칭찬한 글은 다음과 같다.

"1938년 내(유진오)가 『창랑정기(滄浪亭記)』를 신문에 발표하고 얼마 후의 일이다. 우연히 종로에 있는 삼영다방에 들렀더니 춘원 이광수 선생이 앉아 있다가 나의 손을 붙들면서 『창랑정기』 참 좋더군요. 걸작입니다. 읽으면서 자꾸 무릎을 쳤습니다."

그것이 유진오 소설에 대한 춘원 이광수의 처음이요, 마지막 칭찬이다. 유진오의 『창랑정기』는 1960년 초·중학교 국어책에도 실린 적이 있다.

1931년 6월, 유진오, 김계숙, 전승범 등은 조선경제연구회를 조직하고, 사회 전반에 걸친 실증적 조사와 과학적 이론을 연구했다.

유진오, 김계숙, 이종수, 김선진 등은 조선경제연구회를 조선사회사상연구소로 개편하고 그후 이 연구소에서 사회주의자 박문규, 이강국, 최용달 등과 함께 집필하여 『조선 사회운동사』를 편찬했다. 이로 인해 일제 경찰은 유진오를 수사하기도 했다. 유진오는 일기에서 그의 생각과 감상을 정직하게 적어 두었는데, 이것이 경찰의 조선사회사상연구소에 관한 조사에서 화근이 되어 그후 다시는 일기를 쓰지 않기로 작정했다고 한다.

유진오의 대학생 시절, 경성제국대학의 3대 수재로는 유진오, 이강국, 이과의 허달이라고 한다.

1929년, 유진오는 경성제국대학 법문학부를 수석 졸업하고, 경성제국대학 법과 형법 연구실 조수가 되었다. 1931년에는 법철학 연구소 조수가 되어 법학통론을 강의했다. 1932년 유진오는 강사가 되어 본격적인 법학자의 진로로 들어선다. 일본인 경성지방법원장이 특별 임용으로 판사로 기용해 주겠다는 특혜 권고도 있었지만 받아들이지 않았다. 유진오는 1932년 보성전문학교 전임강사로 들어와 달라는 인촌 김성수 선생의 간청을 받아들였다.

1932년 4월, 인촌(仁村) 김성수(金性洙) 선생이 보성전문학교 교주 겸 보성전문학교 교장이 되어 학교 운영을 맡게 되면서 유진오는 보성전문학교의 전임강사가 되어 헌법, 행정법, 국제 공법을 강의했다. 유진오는 1939년 보성전문학교 법과 과장 이었다. 1944년 보성전문학교가 교명이 경성척식경제전문학교 로 강제 개편된 이후 유진오는 보성전문학교 교수를 그만두 었다. 서울 사람들을 시골로 소개한다 하여 유진오는 퇴계원 으로 낙향했다.

8·15 해방

1945년 8·15 해방이 되고 나서 유진오는 다시 보성전문학 교로 돌아왔다. 유진오는 전쟁 전의 보성전문학교를 복원하 여 보성전문학교 교수 겸 법과 과장이 되고, 경성제국대학(서울 대학) 법문학부 교수도 겸직했다. 유진오는 한국 법학계의 새로 운 시작과 대학 재건에 정면으로 주역에 나서게 된다.

그리하여 일본인들이 물러가고 비어 있는 교수, 강사 자리 를 채우기 위해 윤일선 박사, 이태규 박사, 유진오 박사, 조광 하 박사, 이국주 박사, 박철재 박사, 김광식 박사 등은 당시 대 학교수 자격이 안 되는 전문학교 강사, 중학 교사 등을 속성 코스로 훈련, 교육시켜 대학교 교수·강사로 보냈다.

다재다능한 유진오 교수는 헌법을 전공하여, 헌법 분야의 거의 독보적인 존재였다. 유진오 교수는 헌법 제정을 할때 임정 계열, 미군정, 한민당 계열을 망라한 정치적 세력에 의해 헌법 초안의 작성을 의뢰받은 거의 독보적인 존재였다. 그리하여 유진오 교수는 미군정 과도정부 사법부 안에 설치된 조선법전편찬위원회와 헌법기 초분과위원회의 위원이 되어 헌법 초안을 작성하게 된다.

헌법학자 김철수 교수는 다음과 같이 말하고 있다.

"유진오 교수에 의해 작성된 헌법 초안은 양원제 의회, 내각책임제, 농지개혁, 주요 기업의 국영화 등을 내용으로 하는 것으로서, 바이마르 헌법을 많이 참조했지요. 일제 헌법을 배우고, 강의했던 분이 우리 헌법 제정에 있어 일제 헌법에서 탈피한 것은 놀라운 일이지요. 국가의 목적은 루소의 사회계약설에 따라 자유와 평등과 복지가 넘쳐 흐르는 국민 주권적인 민주국가로 규정한 것은 선견지명의 탁견이었지요. 뿐만 아니라 경제적, 사회적 민주주의까지 주장하여 경제 조항까지 둔 것을 보면 진보적인 학자였음을 알 수 있습니다."

고려대학교 심재우 교수는 유진오 교수를 "대한민국 헌법의 아버지"라고 논평하고 있다.

"유진오 교수는 그 자신이 건국인 대한민국 헌법을 기초하지 않을 수 없는 숙명적인 존재임을 지각하고, 그러한 기회가 주어진 것을 본인으로서는 큰 영광과 행운으로 여겼고, 또한 독립된 조국의 국권을 손수 만든다는 데 대한 자부심과 책임감 그리고 사명감으로 고무되어 있었다. 또한 그 헌법 초안이 완성되었을 때, 당시 국회의장이던 이승만 박사는 "우리 한국인 중에 헌법을 기초할 사람이 있을 줄은 몰랐소"라고 슬쩍 경탄에 찬 칭찬을 해주었다고 한다. 우리가 여기서 대한민국을 세운 사람들 가운데 한 사람으로서 유진오 교수를 꼽는 까닭은 그가 새롭게 건국된 대한민국의 민족사적 과제인 헌법적 기초를 마련한 역사적 인물이기 때문이요, 그러한 뜻에서 그분을 "대한민국 헌법의 아버지이다"라고 부르는 것이다(『대한민국을 세운 사람』 한국사 시민 강좌 제43집)"

한편 한국의 헌법은 최하영(崔夏永) 선생을 중심으로 한 일본 고등문관시험 합격자 출신 80여 명의 재사가 만든 내각책임제 헌법과 유진오 교수가 혼자 작성한 내각책임제 헌법이 있었다. 유진오 교수는 그가 작성한 헌법보다 최하영 선생 진영에서 만든 헌법이 더 우수한 것을 알아차렸다. 그리하여 유진오 교수는 2개의 헌법 내용이 대동소이하다면서, 인권 조항을 앞에 놓아달라고 해서 최하영 선생은 받아들였다. 교관을 지낸 바 있는, 겸손한 최하영 선생은 헌법을 내가 만들었다는 말은 하지 않았다. 유진오 교수는 자신이 헌법을 만들었다고 했다. 그 헌법이 이른바 유진오안이었다. 그런데 이승만 박사는 대통령 중심제를 강력하게 주장해 김준연 선생이 최하영 선생 세력에서 만든 내각책임제를 최종적으로 대통령 중심제 헌법으로 만들었다.

유진오 교수는 헌법전문위원 때부터 초대 법제처장을 하다가 1949년 6월, 고려대학교로 돌아와서 교수가 되었다.

보성전문학교 초대 창설자는 탁지부대신을 지낸 이용익 선생이다. 이용익 선생은 구한말 국왕 고종에게 청광개학교 교육인재이복국권(請廣開學校敎育人材以復國權)이라는 상소를 남겼다. 의암 손병희는 보성전문학교 제2대 교주이고, 3·1 만세운동 당시 민족 대표 33인 중의 한 사람이고 천도교 제3대 교령이었다. 인촌 김성수는 보성전문학교 교주와 교장이 되었다.

8·15 해방 후 초대 고려대학교 총장을 지낸 현상윤(玄相允) 교수의 『조선 유학사』에는 이러한 내용이 실려 있다.

"조선시대 유학의 말폐(末弊)로서 다음의 5개를 거론하고 있다. 첫째는 인재를 문벌에 의하여 등용한 부패한 봉건주의 타파, 둘째는 자기와 자기 가족만을 알고, 국가와 민족을 망각한 이기주의의 배제, 셋째는 학문 연구와 국정 논의에서 정당한 비판과 공평한 의견을 가로막는 종파주의의 타파, 넷째는 병역과 국방을 가벼이 하는 문약의 일소, 다섯째는 상공업에 힘쓰지 않고, 가난을 합리화하는 염세주의, 은둔사상의 타파이다."

이것이 현재에도 고려대학교의 교육 목표라고 지적했다.

해방 후 유진오 교수는 1949년 6월, 고려대학교로 돌아와 교수와 총장이 되어 대한민국의 종합대학을 새로 만드는 일에 전력을 다한다. 법과와 상과로 구성되어 있던 보성전문학교를 인문계, 사회계, 자연계, 이공계, 사법계, 의학계 등으로 확장시켜 종합대학으로 만들었다. 그렇게 하여 종전의 학풍인 행동하는 야성적 보성전문학교를 명상하는 지성적 고려대학교로 전환시켰다. 보성전문학교의 교주이고, 고려대학교 창설자는 인촌 김성수 선생이고, 고려대학교를 보성전문학교에서 일류 종합대학으로 비약적인 발전을 하게 만든 사람은 유진오 총장이다.

유진오 교수는 초대 기획처장 이순탁 씨와 함께 일제로부터 35년간 받은 피해를 보상받아야 한다면서 『대일배상요구조서』를 작성했다. 1951년 미국 샌프란시스코에서 대일강화조약이 체결되었다.

당시 대일강화조약 제4조 B항에는 한국에 남겨둔 적산(귀속재산)을 한국과 일본에서 의논해서 결정한다는 내용인데 이승만 정부에서 동의를 하는 실책을 했다. 그러자 법무부 장관과 민주국민당 고문을 지낸 김준연 선생은 제4조 B항에 일본은 한국에 있는 적산을 포기한다고 집어 넣어 관철시켰다. 김준연 고문의 주장에 민주당 사무총장 조병옥, 무초 미국대사, 에치슨 국무장관도 동조했다. 유진오 교수는 김준연 선생이 4조 B항을 수정했기 때문에 일본이 적산 청구를 할 수 없게 되었다고 증언했다.

5개 국어를 해독하는 유진오 교수는 1951년 10월, 한일 예비회담에서 한국 대표로 참석하여 재산청구권 문제와 어업 문제를 요담했다. 1953년 4월의 2차 회담에서는 평화선 문제와 제일교포의 강제퇴치 문제로 요담했다. 그해 10월의 3차 회담에서는 천인공노할 '구보다의 망언'으로 무산되었다.

1955년 5월, 유진오 총장은 고려대학교 창립 50주년 기념사에서 보성전문학교 설립자 이용익 선생의 신교육 제도를 채택하여 사정하고자 한 것과 현상윤 고려대학교 초대 총장의 유학의 폐단 시정을 받아들여야 한다고 말했다.

1958년 4월의 4차 회담은 제일교포 북송문제로 장택상, 유진오, 최규남 대표는 스위스 제네바에 가서 제일교포 북송 저지를 역설하기도 했다. 1961년 10월의 5차 회담은 5·16 군사 쿠데타로 인해 회담이 중단되었다. 유진오 총장은 10여 년의 세월을 한일회담의 대표와 수석대표를 차례로 역임하면서 한일국교 정상화의 초석을 마련하는 데 노심초사했다.

앞서 6·25 남침전쟁 당시 현상윤 초대 총장은 고려대학교 직원들에게 월급을 지불하고, 정부의 허위 방송만 듣고 있다가 납북되자 유진오 교수가 제2대 고려대학교 총장에 취임했다. 이어 부산 피난 시절 연세대학교 총장, 백낙준 박사는 문교부장관이 되어 서울대학교, 고려대학교, 연세대학교, 이화여자대학교, 숙명여자대학교를 합한 전시종합대학교를 설립했다. 그때 유진오 총장은 고려대학교 총장 겸 전시종합대학교 총장을 겸직했다.

　유진오 총장은 한학자이고 법학자이고 경성제일고보 동창생인 우당 허비 선생에게 고려대학교 교수를 맡아 달라고 간청했으나 우당 선생은 "나는 말년에 훈장은 안하겠다"고 사양했다. 5개 국어를 해독하는 우당 허비 선생은 미군 지휘관들의 고문이 되어 통역을 하고 있었다. 그때 대학교는 기와집, 천막, 베니아판 상자로 둘러처진 대에서 강의를 하고, 교수, 강사 자격이 없는 자들이 총장들에게 교수 자리를 달라고 사정도 하고, 생떼를 쓰는 실정이었다.

　유진오 박사가 전시종합대학 총장 시절에 이런 일도 있었다. 서울대학교, 고려대학교, 연세대학교, 이화여자대학교, 숙명여자대학교가 연합한 전시종합대학교에서 이화여자대학교 약학과의 김순희(金順嬉) 여학생이 서울대학생을 제치고 수석 입학하고, 수석으로 졸업하여 세인들을 깜짝 놀라게 했다. 김순희 씨는 그후 서울대학교 약학대학원을 수석 합격하고, 수석 졸업했다. 박사학위 시험도 수석 합격한 재원이었다.

부산 피난 시절 유진오 총장의 두 번째 재취 부인 박복례 씨가 생애를 마쳤다. 그후 유진오 총장은 이명래 고약을 만든 이명래 씨의 차녀이고 내과의사인 이용재 씨와 결혼을 한다. 유진오 총장과 셋째 부인 이용재 씨와는 15세 연령 차이어서 남편이자 부친처럼 여겼다. 사회 저명인사로서 대선생님처럼 모셨다.

어느 날 프랑스 대사가 만찬에 초대하고서는 부인 이용재 씨에게 "지금도 병원 개업을 하고 있느냐?"라고 질문을 했다. 그러자 유진오 총장은 "아닙니다"라고 대답했는데 부인 이용재 씨는 "남편 한 사람을 위해 개업 중"이라고 대답했다. 그처럼 유진오 총장의 건강을 극진하게 돌봤다는 것이다.

1960년 4월 18일, 고려대학교 학생들이 앞장서서 시위를 하게 되자 유진오 총장은 제자 이철승 의원과 시청 앞에 나타나서 학생들을 설득하여 안전하게 학교로 돌아가도록 했다. 그런데 청계천 4가 천일극장 앞에서 정치폭력배 유지광의 부하들이 쇠파이프, 각목, 갈취 등으로 고려대 학생을 구타하여 쓰러지는 사건이 발생, 다음날 4월 19일 전국적으로 대규모 시위가 일어났다. 4·19 학생의거를 지켜보면서 유진오 총장은 당시 시위를 주도하던 고려대학교의 총장으로서 현명한 용단을 내렸다.

1960년 민주당 정권의 장면 국무총리와 절친한 유진오 총장은 중책을 맡기로 했으나 군사 쿠데타로 무산되었다.

1961년 5·16 군사정변 이후에는 정치군인들의 요청으로 유진오 총장은 잠시 재건국민운동본부장을 맡은 적도 있다. 그때 유진오 총장과 동창생이고 한학자이고 법학자인 우당 허비 선생은 재건국민운동본부장을 하지 말라고 주의를 준 적도 있었다.

훗날 유진오 총장은 말하기를 "정치인들은 정치정화법으로 인해 활동을 안 하고 있어, 내가 군인들과 정치인의 교량역할을 하려 했다. 그런데 알고 보니 군사 쿠데타를 한 정치군인들은 기성 정치인보다 더 협잡꾼이고, 부정부패한 자들이라는 것을 알고 환멸을 느꼈다"라고 회고했다.

유진오는 김성수 선생에게 6개월 동안 보성전문학교 강사를 하기로 하고 나서 무려 35년간이나 고려대학교에서 강사, 교수로 재직했다. 교육계에서 고려대학교 총장 유진오 박사와 연세대학교 총장 백낙준 박사는 양대산맥을 이루면서 스스로 권위와 위엄이 확보되어 있었다. 당시 지식인들이 선망하는 자리가 고려대학교 총장과 동아일보 사장을 하는 것이었다.

유진오 교수는 고려대학교 총장에서 은퇴한 후 1966년 제일 야당인 민중당 대통령 후보로 정계에 진출한다. 이듬해 유진오의 민중당과 윤보선의 신한당이 통합하여 신민당이 된다. 유진오 총장은 신민당 총재가 되고, 대통령 후보는 윤보선 선생에게 선뜻 양보하는 대승적 태도로 한국 정치에 신선한 전례를 남겼다.

그후 유진오 총재는 일본 병원에서 신병 치료를 하고, 김포 공항에 내렸다. 그때 건강이 좋지 않고, 총기도 전 같지 않은 대선배 유진오 선생을 정치꾼 이재형이 청와대로 안내하여 가증스럽게도 국정 자문위원이 되게 하는 무례한 언동을 하여 세인들의 거센 비난을 받았다.

유진오 선생은 1987년 8월 30일, 서울대학교 병원에서 생애를 마쳤다. 그때 경박한 이문영이 학생들을 선동하여 국정 자문위원을 지낸 사람은 고려대학교에서 마지막 의식인 영결식을 해서는 안 된다며 무례한 언동을 하여 세인들의 빈축을 샀다. 옛 은사 유진오 선생에 대한 행정학과 이문영의 경거망동에 이태영 변호사, 이철승, 한만년, 박동진, 이기택 의원 등은 격노했다. 서울대학교 병원에서 사회장으로 의식을 거행하고 경기도 하남시 중부면 상산곡동 선산에 안장되었다.

2006년에 열린 유진오 선생 탄신 100주년 학술대회가 개최되었다. 『친일파 군상』이라는 보고서에는 1) 자진해서 친일한 자와 2) 마지못해 강제로 한 자로 구분되었다. 발표자 김중위

(전 국회의원)는, 유진오 교수는 마지못해 강제로 동원되는 비애를 참으면서 앞으로 독립할 조국을 위해 스스로 내일을 준비해온 엘리트 지식인이라고 말했다.

유진오 교수는 보성전문학교 교수 시절, 조선총독부 문교부 관계자가 일제 협력을 강요하여 언쟁하고 사표를 낸 적도 있었다. 그러나 김성수 선생의 만류와 설득으로 반려되었다. 1944년 보성전문학교가 경성척식경제전문학교가 되자 사표를 내고, 경기도 퇴계원으로 내려갔다. 일제는 친일 단체를 만들어 본인들 의견도 안 들어 보고 제멋대로 명단에 집어 넣기도 하여 민족을 이간하기도 했다.

현민 유진오 선생은 1919년 첫째 부인 성진순(成辰順), 1928년에는 둘째 부인 박복례, 1952년에는 셋째 부인 이용재와 결혼했다. 유진오 선생은 슬하에 7남매를 두었다.

장남 유광은 프린스턴대학에서 핵물리학 박사학위를 취득했다. 미국 정부의 보안 관리를 받아와서 유진오 선생이 "첫째 아들 유광이는 미국에 내준 아들이다"라고 말했다. 유광이는 아깝게도 생애를 마쳤다. 차남 유완은 펜실베이니아대학에서 도시계획학 박사학위를 받고, 연세대학교 명예교수가 되었으며, 부인 최양자(위스콘신대학 졸업, 회계학 전공)와 결혼했다.

3남 유종은 유진오 선생이 셋째 부인 이용재와의 사이에 50이 다 되어 늦게 둔 아들이다. 유종은 펜실베이니아대학을 졸업하여 포항시립교향악단 상임 지휘자를 한 적이 있다. 장녀 유효숙은 서울대학교 사범대학 영문과를 졸업하고 일조각 출판사 사장 한만년(韓萬年)과 결혼했다. 시아버지는 조선일보 편집국장을 지낸 한기악 씨이다.

차녀 유충숙은 이화여자대학교 미술대학을 졸업하고 박동진(일본 중앙대학 졸업) 전 유엔대사, 전 미국대사, 전 외무장관과 결혼했다. 3녀 유인숙은 이화여자대학교 심리학과를 졸업하고 안용팔 전성모병원 원장과 결혼했다. 4녀 유경숙은 미국 조지타운대학 불문과를 졸업하고 서영하 전 삼성조선사장과 결혼했다. 서울 중구 필동에 있는 코리아 하우스(한국인의 집)는 그전에 일본 정무총감의 관저였다. 유진오 선생이 살던 필동이 있는 집은 일본 정무총감 비서실장의 관저였다. 유진오 선생은 필동, 말년에는 용산 이태원동에 살았다.

장철수

한국의 대수재이고, 경북대학교 교수를 지낸 장철수(張徹壽)는 1908년 경상북도 경주에서 출생했다. 장철수는 경주에서 보통학교를 졸업하고, 상경하여 서울 보성고등보통학교에 입학했다. 장철수는 시험지에 핵심 답안을 쓰고 나서는 시험지를 가득 채우는 것이었다. 그래서 당시 역사 선생이던 황희돈 선생은 장철수 군은 나보다 더 자세하게 아는 것 같다고 칭찬했다. 황희돈 선생은 최남선 선생과 견줄만한 유명한 역사학자이다. 장철수, 원용석도 보성고보 출신이다. 원용석은 부총리 겸 경제기획원 장관을 지냈다. 장철수는 보성고등보통학교를 졸업하고, 일본 유학을 가서 일본 경도에 있는 제3고등학교에 입학했다. 제3고등학교는 대학예과 과정이고, 우수한 학생들이 들어가는 수재 학교였다. 일본에는 학교가 세워진 순서에 따라 이른바 넘버스쿨이라 하여 8개의 명문학교가 있었다.

제1고등학교 도쿄, 제2고등학교 센다이, 제3고등학교 교토(경도), 제4고등학교 가나자와, 제5고등학교 구마모도, 제6고등학교 오카야마(강산), 제7고등학교 나고야(명고옥), 제8고등학교 가고시마 등의 학교가 있었다

경주 산골소년 장철수의 일본 경도에 있는 제3고등학교 입학은 그의 생애에 새로운 전기를 마련했다. 경도 제3고등학교 출신으로는 선배 김연수(삼양재벌 총수), 선배 이양하(수필가), 선배 권중휘(서울대학 총장), 선배 이태규(노벨화학상 추천위원), 후배 김성룡(국회의원), 후배 임원택(서울대학교 경제학 교수) 등이 있다.

장철수는 일본 경도에 있는 제3고등학교를 졸업하고, 이어 동양에서 제일가는 일본 동경제국대학에 입학했다. 어느 날 일본인 교수가 장철수의 어학 실력을 극구 칭찬했다. 그랬더니 일본 학생이 시기와 질투를 하는 것이었다. 그러자 일본인 교수는 일본 학생에게 "그렇게 질투를 할 게 없네, 본래 식민지 백성이란 남의 나라라면 덮어놓고 따라한다네"라고 달래면서 말했다. 그런 말을 전해 듣고 장철수 학생은 일본인 교수에게 발언 취소와 사과를 받아냈다. 장철수는 하숙집에서 4년간 밤새워 불을 켜두고 공부를 했다.

장철수는 일본 외교관 시험에 일등으로 합격하여 일본 외교계와 정계와 학계를 놀라게 만들었다. 일본 고등문관시험 사법과, 행정과, 조선 변호사 시험은 기억력과 문장력이 뛰어나면 되었다. 그러나 일본 외교관 시험은 답안지를 영어, 독일어, 불란서어(프랑스어) 3개국의 언어로 답안지를 작성하게 되어 어학의 천재여야 하는 것이다.

장철수는 벨기에와 아르헨티나에서 외교관 생활을 했다. 벨기에 외교관 시절이던 어느 날 벨기에 국왕의 어린 공주가 장철수 모습이 독특하여 사람인지 석고상인지 알아보려고 갑자기 장철수를 떠밀어 보았다. 순간 깜짝 놀란 장철수는 그 어린 공주를 바라보았다. 그 어린 공주도 석고상인 줄 알았더니 사람이어서 깜짝 놀라 긴장하여 멋쩍은 표정을 지었다.

장철수는 일본 외무성의 관리로 일급정보를 취급하고 있었다. 장철수는 국내 민족진영의 지도자 송진우에게 카이로회담, 얄타회담, 태평양전쟁의 전황에 관해 알려주었다. 장철수는 해방되기 수개월 전 일본 외무성에서 종적을 감추었다.

대한민국 건국

1948년 대한민국이 건국되고 나서 장택상 씨가 초대 외무부 장관이 되었다. 장택상 외무장관은 외교 경험이 많은 장철수를 초대 외무부 정무국장으로 기용했다. 청년 최운상은 외무부 계장이 되었다.

경무대에서 불필요하게 외교에 대해 참견을 하자 장철수 국장이 외교에 관해 경험도 없고 잘 알지도 못하면서 참견을 한다고 비난을 했다. 이 말을 신성모가 경무대에 전하자 장철수를 해임하라는 연락이 왔다. 또한 장철수는 어느 날 술 한잔을 하고 장택상의 애첩을 찾아가 "장장관을 만나려면 1개월이 있어야 하니 나하고 살자"고 수작을 했다. 이리하여 장철수는 장택상 외무장관에게 질책을 받고 외무부 정무국장직을 그만두게 되었다.

인촌 김성수는 그의 장녀와 장철수가 결혼하기를 원하여 주선해 주었다. 그러나 장철수가 술 한잔하고 후질근한 차림으로 나타나자 김성수의 장녀는 기겁을 하고 "저런 사람과는 결혼하지 않겠다"며 단호하게 말했다. 장철수는 대구에 내려가서 경북대학교 교수를 지냈다.

삼천재(최남선, 정인보, 이광수)의 한사람인 육당 최남선은 장철수의 사전 같은 기억력에는 찬탄을 금치 못했다고 했다. 5개 국어를 하는 법학자 허비 선생도 장철수는 어학의 천재라고 말했다. 낭산 김준연 선생도 장철수는 수재이고 생옥편 같은 사람이라고 했다. 최하영도 장철수는 우수한 재사라고 했다. 후배 임원택 교수도 장철수 선배에게는 "8·15 해방이 더 나중에 왔더라면 더 많은 일을 했을 사람이다"라고 말했다.

이른바 육당 최남선, 위당 정인보, 춘원 이광수를 3대 천재라고 한다. 그리고 이보다 나중 세대의 한학자 허비 선생, 심계원장 최하영 선생, 경북대학교 교수 장철수 선생도 3대 천재라 한다.

동경제국대학 출신 선배로는 유만겸, 남궁영, 김우영, 김준연, 유억겸, 권중휘, 이양하, 최정우, 최하영, 선생 등이 있고, 장철수의 동경제국대학 후배로는 김성룡, 유기천, 김상협, 김기두, 임원택, 신상초, 이만갑 선생 등이 있다.

김상협

한국의 대수재이고, 고려대학교 총장과 국무총리와 적십자 총재를 지낸 남재(南齋) 김상협(金相浹) 선생은 1920년 전라북도 부안군에서 삼양재벌의 총수이던 수당(秀堂) 김연수 선생과 모친 박씨 부인의 차남으로 출생했다.

김상협 선생의 본관은 울산이다. 아호는 남재이다.

김상협 선생은 조선시대 중기 유학자 하서 김인후 선생의 후손이다. 김상협 선생의 백부는 제2대 부통령 인촌(仁村) 김성수(金性洙) 선생이고, 부친은 경성방직 사장을 지낸 수당 김연수 선생이다. 선대에서는 전라북도 고창군 부안면 인촌리에서 살아왔다. 그래서 김성수, 김연수 형제는 고창군에서 출생했다. 그러나 김연수의 사업관계로 김상협은 부안군에서 태어났다. 김상협의 집안은 호남 최고의 명문가이고 4만 석 이상 수확하는 부자이다.

김상협의 부친 김연수 선생은 사업에는 천재적 재능을 가진 인물이다. 서해안에 염전을 개발하고, 은행을 만들고, 중앙중학교, 보성전문학교를 인수하여 경영하고, 경성방직회사, 남만방직회사를 설립하고, 동아일보를 창설했다. 만주 남만방직회사에는 직공이 6,000여 명이 되고, 7개의 농장을 만주, 중국에 만들었다.

김연수의 차남 김상협은 동경제국대학을 졸업하고, 일본의 재벌회사에 들어가 말단 노동자, 직공들과 숙식을 함께 하여 밑바닥 인생을 경험했다. 그리고 부친이 운영하는 만주에 있는 남만방직회사에서 일하고 8·15 해방이 되고 나서 만주에서 서울로 들어왔다.

8·15 해방

1945년 8·15 해방이 되고, 중국 본토와 만주가 공산화되자 김연수는 중국, 만주에 있는 재산은 그대로 남겨두고, 맨손으로 남한으로 내려왔다. 남은 재산은 영등포에 있는 경성방직공장 1개만 있었다. 경성방직회사에는 공산분자들이 침투하여 김연수 사장은 친일파라며 물러가라고 했다. 이에 맞서 김연수 사장은 나는 지금까지 회사원들을 성의껏 안정되게 살도록 해주었다. 그대들이 일할 생각이 없으면 그만두라고 했다. 공산분자들의 소란과 선동은 수년이 지나서야 사라졌다.

한편 김상협은 1946년부터 고려대학교 조교수를 시작하여 학자가 되었다. 1945년 보성전문학교는 고려대학교가 되었다. 김성수는 보성전문학교 교수와 교장이 되었다. 김성수는 고려대학교 창설자가 되고 현상윤이 고려대학교 초대총장이 되었다. 1950년 6·25 남침전쟁 때 현상윤은 공산군에게 납치되어 북한으로 갔다. 그래서 15년간 고려대학교 강사, 교수를 지낸 유진오 교수가 총장이 되어 20년간 재직했다.

1963년 김상협 교수는 본인은 원하지 않았지만 김연수 사장이 군사정부와 어떤 관계로 잠시 하라고 해 문교장관을 지냈다. 1970년 20년간 총장을 하던 유진오 선생의 후임자로 김상협 교수는 50세로 고려대학교 총장에 취임했다.

김상협 총장은 지성과 야성을 갖춘 종합 남성이 되어야 한다고 강조했다. 고려대학교는 4·18 학생시위로 다음날 전국적 4·19 학생 혁명이 되게 했으며 한일회담 반대, 삼선개헌 반대, 유신독재 반대 시위에 앞장서 왔다.

학생들이 유신독재 철폐를 주장하며 격렬한 시위를 하자 박정희 정부는 위수령을 발동해 군인들이 고려대학교에 진주하고, 시위 주동 학생들은 구속되고, 김상협 총장은 개강 담화문을 발표하고 도의적 책임을 지고 총장직에서 사임했다.

이어 경성제대 출신의 차낙훈 교수가 총장에 취임했다. 그후 다시 김상협 선생이 고려대학교 총장이 되었다.

1979년 10·26 사태로 박 정권이 끝나고 국무총리이던 최규하가 대통령이 되었다. 12월 12일에는 전두환 보안사령관이 실권을 장악했다. 1980년 5월 18일 광주사태 이후에는 최규하가 물러나고, 전두환이 장충동 체육관 선거에 의해 대통령에 취임해 정권을 장악했다. 전두환은 경제인 유창순 씨를 국무총리로 임명했다.

전두환은 국민이 직접 선출하지 않은 전통성이 없는 체육관 대통령이었다. 5·18 광주사태로 전라도와 경상도 사람들이 첨예하게 대결하고 있었다. 전두환은 이 사태를 완화하기 위해 전라도 출신으로 전국적으로 존경받고 신망있는 김상협 선생에게 국무총리를 맡아달라고 간청했다.

전두환은 김상협에게 "저는 정권을 잡아 대통령을 하려는 사람이 아닙니다. 대통령은 덕망있는 김상협 총장님이 맡아주

셔야 합니다. 정치적으로 미숙한 저희들을 지도해 주십시오"
라고 말했다.

정치학자 김상협 선생은 전두환이 선뜻 정권을 넘겨주리라
고는 생각하지 않았다. 그러나 정치에 가까이 근접해야 정권을
장악할 수 있다는 것도 알고 있었다. 주위에 반대하는 사람들
도 있었지만 김상협 선생은 국무총리를 맡기로 했다.

그후 김상협 국무총리 시절, 전두환 대통령 일행이 버마를
방문했을 때 아웅산 폭파 사건이 발생했다. 전두환을 수행하
며 먼저 도착했던 17명의 수행원은 희생되고 전두환은 생존
해서 국내로 돌아왔다. 만약 그때 전두환 대통령도 예정대로
도착해 희생되었더라면, 국내에서 국무총리이던 김상협 선생이
대통령이 되어 역사는 크게 달라졌을 것이다.

김상협 국무총리는 대구 디스코클럽에서 어른과 학생들이
밤새 술마시고 춤을 추다가 불에 타 죽은 화재 사건을 보
고, 교육자 출신으로 큰 충격을 받아 즉시 국무총리직에서
사임했다.

김상협 선생은 고려대학교 총장, 국무총리, 대한적십자사
총재, 고려대학교 명예총장을 지냈다. 고려대학교에서 35년간
봉직한 유진오 선생에게도 명예총장 제도를 만들어 드린 일이

없다. 오직 김상협 선생 한 분만을 위해 명예총장 제도를 만들고 사무실과 수행원도 만들어 주었다. 김상협 선생은 동네 산책을 하던 중 협심증으로 고려대학교 안암병원에서 치료를 받던 중 생애를 마쳤다.

부인 김인숙 회장은 여학사 회원을 대동하고 유럽 여행중 이집트에서 남편이 별세했다는 소식을 듣고 급히 귀국했다.

김성수 선생은 자녀 13명, 동생 김연수 선생도 자녀가 13명이었다. 자녀 13명, 조카 13명, 도합 26명 중에서 나의 조카 김상협이 제일 뛰어난 수재라고 칭찬했다.

김상협 선생은 1남 3녀를 두었다. 장녀는 국재재판소장을 지낸 송상현 교수의 부인이고, 외아들 김한은 증권회사 사장을 지냈다. 김상협 선생은 77세에 타계하고 고려대학교에서 의식을 거행하고 대전 제2현충원에서 영면하고 있다.

작가소개

허도산

서울 태생. 아호는 혜당. 일본 동경대학에서 역사학, 영국 런던대학에서 정치학, 에버린대학에서 군사학, 리버풀대학과 동대학원에서 역사학을 전공했다. 저서로 『20세기 명장 맥아더』, 『세기의 지장 만슈타인』, 『롬멜 장군의 전차군단』, 『패턴 장군의 전차군단』, 『스탈린그라드 공방전』, 『노르망디상륙작전』, 『개화선각자 서재필』, 『건국의 원훈 낭산 김준연』, 『건국의 원훈 해공 신익희』, 『건국의 원훈 창랑 장택상』, 『정상의 도전자들 1, 2, 3권』, 『한국의 어머니 이태영 변호사』, 『세계의 명연설』, 『연설 백년사』 등이 있다.